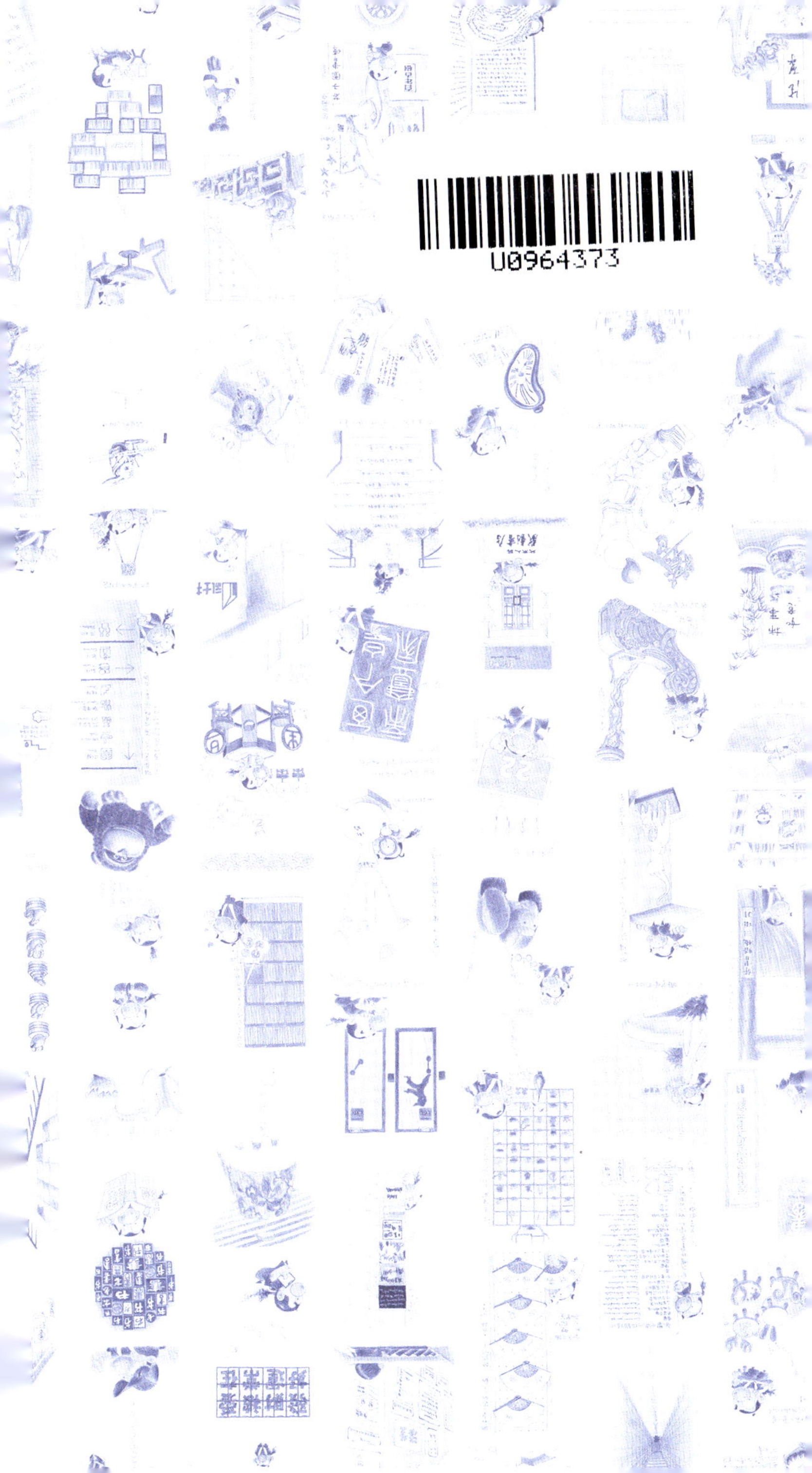

U0964373

中信书店·自然书店

世园公园植物馆的顶层书店

延庆镇百康路 1 号世园公园植物馆顶层

这家中信书店开在了世园会里面植物馆的顶层，一家高颜值的以自然植物为主题的书店。遗憾的是到店时当天已经营业结束，经与店员联系后，成为我的第一家也是唯一一家云采风的书店。

彩虹阶梯书店

社区里的一家小书店

颖泽州小区 23 号楼 101 号

在延庆路边有一家不太喧嚣的小书店，位于颖泽州小区大门旁，想必是小区里孩子们理想的阅读天地。看看这个角落的布置，快来练练书法吧！

年轻之光
古旧书店

古为今用，文化漂流，人文汇聚

东外大街 111 号中踏广场 2 幢 1 层 18 号

这里由一家学生书店成功变身成为一家古旧书店，它让各种古旧书籍找到了全新的归宿，使知识得以延续。

年轻之光
共享书店

以传统文化经典为核心的专营书店

妫水北街 39 号环球新意百货 F1

一家书店点亮一座城市，这是年轻之光书店的办店理念，这家共享书店多销售成人社科文化类书籍，更以中华经典哲学思想书籍为主。

芒果文创书店

店里好多的延庆文创

高塔街 13 号 5-6 层

知道《世界最美的书店》这本书吗？它记叙了世界上最美的二十家书店。当你走进芒果文创书店，迎面的文化墙上，贴满了这本书的全部页面，还标着芒果是第 101 家。

西西弗书店
密云万象汇店

密云万象汇里的西西弗

滨河路 178 号密云华润万象汇 F1

集章

在密云万象汇的西西弗书店，风格如同其他处的西西弗。可看到这幅老人在路边看书的画面时，我有了一丝感动，活到老来学到老嘛。

乐舞乐读

乐舞之余不忘乐读

果园西路 11 号蓝山文化园内

来到蓝山文化园，这幢灰色外表的小楼就是乐舞乐读，一家多元活动场所。之所以称之为多元，是因为它是舞蹈培训场所，也有阅读空间。

集章

卓文轩书店

长长的阅读自习空间

乐园西小区乙 36 号 7 号楼 1 层

长长的书店占了很大面积，左右两扇单开门引你进入店里。书品布置井井有条，翠绿色的装饰座，让人坐下就不愿意离开。你在平谷吃桃之余也来这里淘淘书吧！

阅己书屋

中学跟前读书房

向阳南街幸福小区东侧

一家不算太大的书店，店里有书也有文创，有饮品也有自习室，我对这个面向店外路边的座位情有独钟，读会儿书，发会儿呆，喝会儿茶或咖啡。

顺美 e 时尚书店

与服装服饰相关的书店

林河南大街 9 号院高顺云港新能科技园 3 号楼

您知道吗？顺美是一家服装公司，看看这家书店的店名“顺美 e 时尚”，就知道这是一家与服装服饰、时尚潮流相关的特色书店。

三行拾光书馆

海纳文化园里的大书店

西环北路 2 号 2 号楼海纳文化园

书馆的一层卖书，二层借阅，还有很多的文创和饮品售卖。这不，书馆小姐姐送了我一瓶新鲜出炉的海纳文化园原创的饮品：零糖零卡零脂的平谷桃汽水。

青丙拾光书屋

与摄影有缘的书店

北环路光明西小区 208 号

青丙拾光书屋里面书品很丰富，咖啡也很诱人。或许这家书屋与平谷摄影家协会有关的缘故吧，装饰有种独特的气质与风采，看这面装饰墙！

中信书店 怀柔科学城店

星轨闪亮的未来风书世界

雁栖经济开发区雁栖大街 53 号 4 幢
2 层 201 室

顺着指示上台阶到二楼，从一个不起眼的门脸儿进去，豁然被惊艳到！天顶宛如流星划过的宇宙星空，金属色彩的超大书架矗立中间，连廊相通，你都不敢相信这里是书店！

约读书房
怀柔店

一家连锁的儿童与家庭阅读品牌

青春路 15 号

约读书房是家会员制的小书房，小朋友在这里可以阅读到自己想看的各类图书。进到书房印象最深的就是图书一排排一格格，分类详尽，排列整齐。画面是旧址门前的涂鸦，现在书房已迁至如上新址。

良友书屋

路边一家很小的书店

南华园二区 76 号

怀柔一家门脸不大的书店，里面书品丰富，还有很多旧版书，喜欢淘书的朋友可以来看看。“智者在此垂钓”，我却飘然走过……

九问书库

怀柔一家很大又很美的书店

青春路 15 号

“九”是书之大者，“问”是勤学好问，这是一家具有上下立体空间占地很大的会员制书店，图书、饮品与文创应有尽有，还有很多被分割成独立单元的安静且惬意的空间。

藏书房

雁栖水畔的文化艺术空间

雁栖镇北科建水岸雁栖 5 号院 6 号楼底商

怀柔水岸雁栖小镇内，有一处很大、很有特色的书店叫藏书房。这里有书、有展、有品。图中所画长卷悬挂之处正值有一展览，赶紧记录一下！

更读书社
绿地缤纷城店

更读书社的起点

金星西路 3 号院 3 号楼绿地缤纷城一层

缤纷城里更读，
扎根资历最深，
logo 墙边沉一沉，
感受文化气氛。

这里是最早的一家更读书社，现在它已经远离我们了。

得闲书库

倡导"旧书置换"的二手书店

清源西路 1 号院雍合府西商业负一层

这是一家藏在社区里独特的二手书库，主打图书循环换享模式，一本书可置换一个书库，书店用书脊打造了彩虹书墙，真是用心！

鉴止书屋
更读书社

店名源于团城行宫书屋

兴政街 5 号

这里主打馆店结合模式，集合了图书馆、书店、沙龙、自习室、咖啡厅、亲子乐园多种功能的文化综合空间。鉴止书屋的店名也是缘自南苑皇家园囿团河行宫内的书屋名。

樊登书店
Boloni 店

坐落在 Boloni 办公区的樊登书店

庆祥北路三号院金隅高新产业园 3 号楼一层

这是一家与家居家装公司 Boloni 合作的樊登书店，幽静的环境，可以在此看看书喝喝咖啡。就是位置有点远离市区，在南六环和京开高速交界处的东南角园区里。

掇集

处于木棉花中的书店

大兴国际机场木棉花酒店内

大兴机场层一，
木棉花酒店里，
高端书店叫掇集，
销文创与书籍。

首都图书馆大兴机场分馆

大兴机场候机区里的首图

大兴国际机场 A01 号登机口附近

大兴机场的这间比较大的首都图书馆分馆位于 A01 号登机口旁边，馆内周围是超大的落地大窗，提供了明亮和舒适的阅读环境。与另一家分馆的区别是，画中这家，您需要过完安检才能来！

首都图书馆大兴机场分馆

大兴机场里的首图

大兴国际机场一层 16 号门附近

首都图书馆是国内首家入驻机场的图书馆。到机场接友人时发现了这家馆，它位于一层国际到达口 16 号门附近，不用过安检，红火的凤凰柱子让人记忆深刻。

全民畅读
亦庄天街店

龙湖天街里的全民畅读

兴海路亦庄龙湖天街 2F01ab 号

一家融入亦庄天街商业区里的全民畅读。除了有气质的书品之外，还有各色文创产品售卖。点上一杯“吃读时”咖啡，坐在硕大的落地窗前，读读书，观观景，发发呆，吃吃独食。

米莱童书优选
亦庄天街店

亦庄天街里的米莱童书

兴海路亦庄龙湖天街 B1

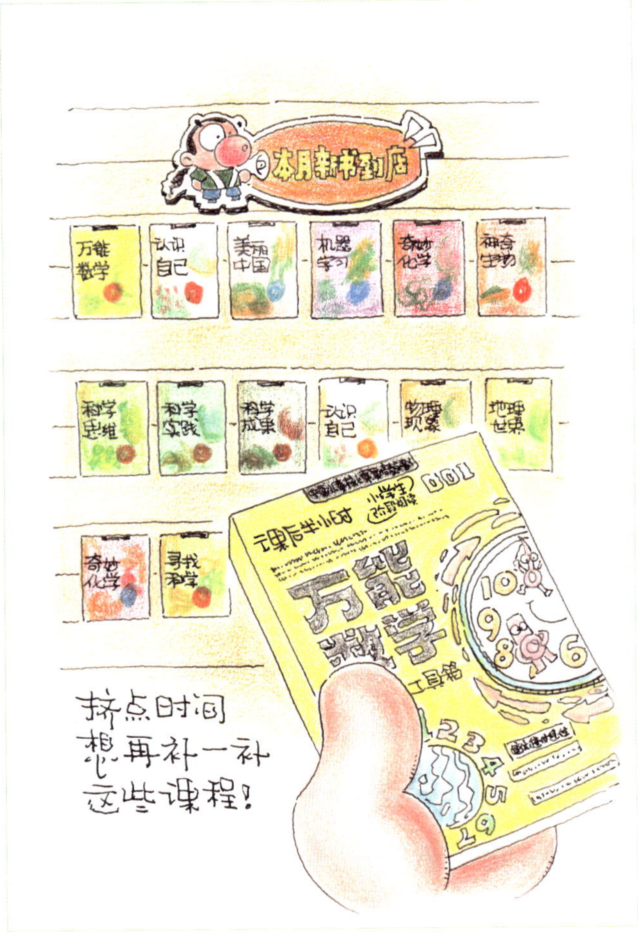

既然画书店，就离不开画书，连书的封面都描绘出来的，这是唯一一次。这里是家儿童书店，我觉得这套书是孩子们课后该好好看看的一套书。

六合书店

健身运动场馆里的书店

文昌大道国锐广场荣华天地 B2

六合书店也是六合空间，位于国锐广场的地下二层。旁边有健身房和运动馆，当您挥洒汗水之后在此优雅安静的环境里潜心阅读，真可谓动静相宜。

句象书店 大兴天街店

句读有声，大象无形

永兴路七号院大兴龙湖天街 F2

很明亮很温馨的一家书店，纯纯的木色装修，宽阔的场地布置，一排排整齐的图书，一组组有趣的文创产品，还有随处可见的句号、逗号、感叹号！

雨枫书馆·新禾馆

拾旋转木级而上六层的新禾馆

忠凉路 1 号院住总万科商场 6 层

来到住总万科商场，乘电梯上到顶层五层，那六层怎么上呢？原来在五层中间沿着这条原木旋转走廊漫步上行，就会穿越到别有洞天的楼顶，新禾馆就在这里。

西西弗书店
亦庄华联店

亦庄华联里的西西弗

荣华中路 8 号院 1 号楼亦庄华联购物中心 F2-11a

西西弗书店在京城有很多店，亦庄当然不会缺席！这家店在力宝广场二层的西南角，购物之余也来看看书呗。“重要的不是生命的长度，而是生命的深度。”

书亦·宜空间

凉水河边一木屋

西环南路凉水河公园驿站

亦庄有条凉水河，它是一条古河道，现在岸边柳树成荫，步道笔直开阔。在这花红柳绿之间，有一处小木屋，就是书亦·宜空间。

老约翰绘本馆
瀛海环宇坊店

老约翰绘本馆有很多家

瀛旭巷 2 号院 1 号楼瀛海环宇坊 3 层 L313-1

看到戴着小帽子，留着卷胡子的老约翰 logo，就知道这是一家老约翰绘本馆。京城有很多家连锁店，那我来描绘一下这家店吧，它在瀛海环宇坊 3 层。

西西弗书店 大悦春风里店

大悦春风里的西西弗

黄村东大街 38 号院大兴大悦春风里 B1-23 号

西西弗书店的装饰风格统一，独成一派，想找到各店的不同还挺难的。突然在这家发现一面小画框，里面镶着西西弗书店服务语录，还挺贴心！

又见书社

观音寺街的书社，取名“又见”

观音寺街观音寺 10 号底商

又见，观也，观音寺的“观”也。书店位于观音寺街道，它是一家社区书香特色空间。店里挂着很多漂亮的手编彩色粽子，曾有 2022 只，是与北京冬奥会有关。

西西弗书店 荟聚店

大兴荟聚里的西西弗

欣宁街 15 号北京荟聚二层 2B51

荟聚是位于西红门的超重量级的购物中心，据说拥有 450 多家商户，当然必定少不了书店，就是这家西西弗书店，一家以“拾趣·生活”为主题的书店。

亦花园书店

亦花园里亦花园

东渠路 6 号亦花园 1 号楼

亦花园书店一楼半的地方，下面书架摆满了书，墙上挂满了黑胶唱片和封套，之前是予果书店的书 · 音乐空间，现在是亦花园书店。

蔚蓝书店

深耕于机场的蔚蓝书店

经济技术开发区荣华南路 15 号中航技广场商业 1 层

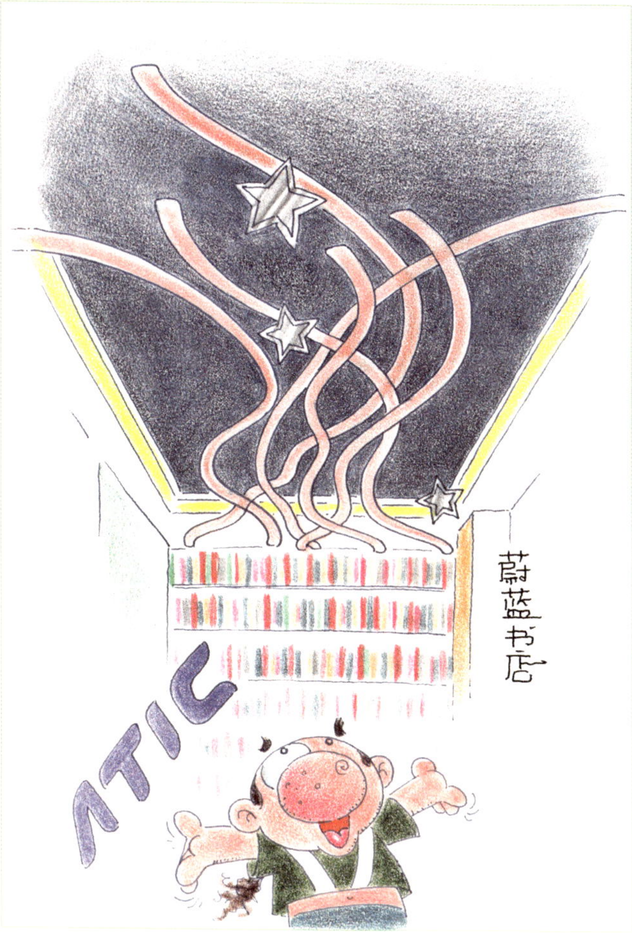

大兴亦庄荣华，
蔚蓝书店安家，
航线划过像礼花，
多家机场寻它。

知识城堡童书馆

2~12 岁中英文童书馆

北清路名佳花园三区 21 号楼 2 单元 21-2 号

姐姐家新搬到北七家附近，那天去她家串门，我突发奇想，这跟前儿有书店吗？我一搜索就查到了这家店，门口的格子房让人马上联想到这是家儿童书店！

时间童书

拥有“评书故事会”的儿童书店

天通苑北街道太平庄中一街天通苑文化艺术中心一层 inbook 生活书店内

很不错的一家儿童绘本馆，藏书量很大。这家店一大特色是店长老师亲自上台用评书的形式讲故事。画面中老师和同学位置反了，只是为了同时表现店内场景和老师。

幽兰书店

一杯咖啡坐一整天

安居路 7 号院 10 号楼 203 号

一家开在商圈二层连廊的小而精的书店。店主是位博学且有情怀的老师，他送了我一张京城书店地图链接，让我按图索骥找到很多之前未知的宝藏书店。

旋木时光
龙德广场店

涵盖图书、文具、文创与咖啡的空间

立汤路 186 号龙德广场 4 层

在旋木时光你可以买到各类进口文具、手账、手办、多种特色文创，还有很多 IP 的周边产品，同时也有不错的饮品，当然还有图书，如：人气小说、漫画、绘本……

inbook 生活书店

天通苑文化艺术中心的一部分

天通苑北街道太平庄中一街天通苑文化艺术中心一层

开在天通苑文化艺术中心里的新华书店，一个非常大的销售场所。有书籍、饮品、文具、玩具，孩子们喜欢的应有尽有。图中 inbook 文字下面的丰富装饰我为了留白将其隐藏了，想知道是什么样子，还是亲自来看看吧。

飞鸟东舍
东小口店

又一家“森林系”书店

东小口城市休闲公园北门里南侧

东小口城市休闲公园是京北一处大型公园，从公园北门进园后，满眼绿树成荫、树影婆娑，突见一灰墙屋檐，上书“飞鸟东舍”，这里就是阅读+咖啡的书屋。

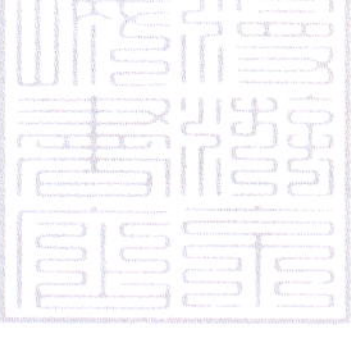

飞鸟东舍 奥北公园店

一家“森林系”书店

奥北森林公园内

天通西苑西侧的奥北森林公园东门内，有一小片建筑物，飞鸟东舍就位于其间，是一家集图书、饮品、文创于一身的林中休闲阅读小屋。

爱阅宝

每周都上新的儿童书店

黄平路 19 号泰华龙旗购物中心 F2

这家绘本馆我是从回龙观腾讯众创空间那边一路追过来的。小店位于购物中心二层的走廊上，不太大的店面里整整齐齐地摆放着不同门类的童书。

读家书店

每个人都是阅读家，每个家都是读书家

建材城西路 57 号

这的确是有文化深度的店，经常举办图书推介的活动，让作者与读者近距离接触与交流。如果您需要独处，侧面有几间更为安静的小书房，能寻幽、能觅诗。

MPK 黑胶书店

MUSIC PUBLIC KINGDOM

建材城西路 87 号上奥世纪中心三层

在西三旗桥东北角，上奥世纪三层。MPK 是 Music Public Kingdom 的意思，就知道这是一家围绕黑胶音乐相关的书店，里面有很多唱机。

又见书店

回龙观会员制书店，取名“又见”

龙域东一路龙域中心西区 118 号

一家会员制社区书店。看到了吗？门口有台面部扫描的装置，可以知道你是不是会员。这里原来叫“一个书店”，现在叫“又见书店”，又见，观也，回龙观的“观”也。

一个书店 ABOOK

一个会员制的社区书店

育知东路 30 号院 1 号楼 109 底商

两排木质台阶，
书籍分类罗列，
一个书店一景别，
就在智荟之街。

上海三联书店·微言小集

“前店后厂”式的人文书店

回龙观东大街 338 号腾讯众创空间 A 座一层东南角

上海三联书店，
小号小集微言，
创客大厦回龙观，
位于一角东南。

微言小集里的通天木书架，左侧错落有致，右边整整齐齐，摆满了书。

中信书店 生命科学园店

生命科学园里的中信书店

生命园路 29 号创新大厦 A 座 1 层

每家中信书店的装饰主题都有不同，回龙观生命科学园这家店装饰画是鸟和拾穗人，分别代表文学·心理和艺术·生活，就在书店大玻璃墙上，十分醒目。

着迷星球图书岛

被波光粼粼拥抱着的书店

双丰街道金蝶软件园南门A座一层东北角

碧波粼粼的水面上倒映出斜面玻璃大窗，这里就是超大的图书岛——着迷星球。这里有大量的儿童绘本和成人图书，更有不同主题的儿童阅读活动空间。

一善儿童书店

顺义怡生园的儿童 + 建筑书店

左堤路 5 号金茂怡生园 5 号别墅

穿过金茂怡生园酒店大堂，沿着旁边幽幽小径来到后面的 5 号别墅，这里就是书店。其实在这同一屋檐下共有两家书店：大人的卷宗和小孩的一善。

临空半日书室

开在印度餐和泰餐餐厅里的书店

榆阳路与馨园一路交叉口西北 280 米

新国展旁沿馨园一路一直走，转到榆阳路上，来到一处小二楼前，门上挂着小篆的书店名，旁边却是六道大餐的图片，原来这是一家正宗的印度餐和泰餐餐厅，但是架子上书多酒少。

樊登书店顺义店

顺义美丽汇里的樊登

乾安路泰和宜园 1 号楼鲁能美丽汇购物中心 F1

顺义鲁能美丽汇里的樊登书店依旧很有文化味儿！站在这张黄色的海报之前，默默地数着今年买了几本书，看了几本书，距离五十本还有多少差距。

和空间书店

新国展旁的以茶会友书店

裕翔路 99 号欧陆广场 F3

有次相约朋友去顺义新国展看展览，在国展门口等候。要是早知道这家书店就在新国展旁边，我就不会在大太阳底下晒半天干等着了。当然这里有很多书在售与待阅。

西西弗书店
祥云小镇店

祥云小镇里的西西弗

裕丰路中粮祥云小镇 9 号楼二层 201

走进各家西西弗书店，店内装饰风格都很接近，来到祥云小镇的这家店，直线条的门头设计算是一种与众不同吗？再看看其他家西西弗，找找不同吧。

庭院书店

久悦体育园区里的书卷气息

后沙峪镇双裕街 33 号久悦体育园 C 馆 1 层 109

后沙峪久悦体育园区里面，有一家面积不算太小的书店，环境静谧又舒适，天气好的时候还可以在后面的小院里喝喝咖啡，大概这就是“庭院书店”名字的来历吧。

更读书社 大稿店

曾存在于大稿艺术区的书香

怡乐中路 422 号大稿国际艺术区 A 座 25-26

更读书社曾经是大稿艺术区里的宝藏书店。门口为什么竖着一个小雕像，而且为什么是个厨师？艺术区里应该有书店，但愿这家书店还能开回来。

阅青山书店 米开店

书似青山常乱叠

新华南路 79 号米开 TOWN 文创园 K2

米开 TOWN 里的书店，店名源自纪晓岚书斋门联“书似青山常乱叠，灯如红豆最相思”，上下两层，适合阅读、会客、自习与打盹儿。

荣会非遗书店

非遗书店 + 研学、文创、活动、社交

八里桥南街 5 号大唐高新技术创业园 11 幢

书店位于大唐高新创业园内，一走进书店大门，左右两面通天及顶的超大书架映入眼帘，令人印象深刻。店里有一些与非遗文化相关的书籍和文创。

春在书书店

地处副中心核心的文艺书咖

宏安街 7 号燕彩公寓底商 1 楼 118 号

正如主理人所愿：让孩子爱上阅读，让大人一起充电。爸爸妈妈喝着咖啡，读着中意的图书；孩子们参加活动或者阅读绘本，这是多么温馨的场景。

京杭大运河书院

大运河景区内的仿宋书院

通怀路通州大运河文化旅游景区南区内

进入大运河文化旅游景区，沿路向东北方向走不远右转，在水光树影之间可看到一组仿宋式建筑群，这里就是京杭大运河书院，一处兼具阅读、文创、展览、讲座等功能的场所。

中国书店绿心公园店

开在绿心公园中的中国书店

滨河南路城市绿心森林公园北区驿站

这家中国书店应该是离城区最远的中国书店了，在通州绿心森林公园里，容易迷路的我在公园里转了半天才找到，它在二十四节气中“大寒迎岁”附近。

咱家书房
潞城店

开在镇综合文化中心的直播书房

潞城镇武兴路 7 号综合文化中心 4 层 445 号

潞城镇政府旁边的综合文化中心 4 层 445 号，就是咱家书房潞城店所在地，它属于城市副中心周围的镇图书馆。

北京城市图书馆

临山间，于树下，勤阅览

惠林路与上码头路交叉口东南 200 米

由 144 棵“银杏树”支撑起来的世界最大的单体图书馆阅览室，一处集知识传播、城市智库、学习共享等功能于一体的复合多元文化综合体。

老橡树书影时光

马驹桥间老橡树

兴华南街金地格林小镇 6-009 号

马驹桥附近的格林小镇有家书店叫老橡树书影时光，一家有书、有影、有音的店。老橡树图案让我想起了美国某款 25 美分钢镚儿上面的图案。

三暮书店

三朝又三暮，不觉鬓成丝

宋庄小堡西街 19 号

这家书店在宋庄小堡村，门前没有车水马龙，门头没有华丽装饰，灰砖墙面配钢板店名，透露着朴实无华。

渊集书店

由哲学博士夫妇创办

九棵树西路 90 号弘祥 1979 文创园 F 座 8707 号

在弘祥 1979 文创园里，一幢幢红砖厂房之间有处玻璃门厅，这里就是渊集书店，一家由博士夫妇开办的文人书屋。

佳作书局 宋庄店

两层玻璃房里的艺术书店

宋庄徐宋路小堡文化广场 A201 号

有艺术气息的地方就会有佳作，像798、像央美，当然还有宋庄。这家书店有挑高很高的大空间，有开放的两层，文化、艺术类图书是主角。

春风在书店

宋庄的绿色宝藏书店

宋庄小堡路小堡南街 63 号

宋庄小堡村间，
一家绿色书店，
有品有味有书卷，
某喵星人悠闲。

宋庄最有特色的书店，经常有各种丰富的阅读活动。

樊登书店
宋庄店

宋庄里的樊登书店

宋庄小堡艺术西区 8 号

樊登书店连锁，
宋庄只此一家，
地绘锦鲤不敢踏，
闲谈约会绝佳。

有茶，有书，有咖啡，门前有一小院儿，茂林修竹，整个儿一家小花园书店。

远风唐书式生活

通惠河畔的“书店 +”

观音庵南街 4 号院保利大都汇 3 号楼 102 号

那天我找这家书店费了点小力气，所以把门前的场景画一下，加深印象。这里是很适合学习、阅读、品咖啡的一家书店。

进书店

被水泡过的书店，希望它站起来

良乡夏荫路北潞园北潞春居委会隔壁

收藏了这家店准备去拜访，没想到一场大暴雨把它淹了。店主给我展示了水淹之前店门的照片，我把它画下来，不为了纪念，是为了重现！

爱阅书店

适合孩子待一天

北潞冠家园南侧约 50 米

一个小区旁边超市的楼上，进到店里就能感觉到这里是孩子们愿意来的地方，不论是看书、学习，还是来活动。对了，门口还有一家书法班。

西西弗书店
印象城店

房山印象城里的西西弗

长阳镇广阳新路 9 号院 1 号楼房山印象城一层

房山印象城里有家西西弗书店，快看它的天花板，是一种独特的欧式镂空雕花图案。仰脖子看累了，别忘了在这里买买书，品品咖啡。

一一书店

小小的书咖一体书店

长阳镇长兴街 8 号院 1 号楼 102 室

长阳镇一家小小的书店，进门时一一老板正在专心地为顾客制作着咖啡，还画了一个甜甜的笑脸。一家很温馨的小书店，推荐来看看。

一屋拾光书店

店名超有意境的社区书店

良乡卓秀北街 2 号院 4 号楼 4-10

去房山良乡采风时发现了这家宝藏书店，店里分为两层，顺着楼梯可以上到 2 层自习室中阅读学习，也可以一览店里空间和楼外风光。可惜这家店已经关了。

知行阅读空间

一处环境优雅的阅读之所

京良路九洲溪雅苑一区 12 号楼 1 层

这家阅读空间位于这座建筑物一层，这里除了有书，还有生物标本和模型，同时这里还是 FM89.5 和 FM95.9 调频电台部分栏目的录播场地。

单向书店 檀谷店

依窗望山的浪漫书店

京潭中路 7 号院 1 号楼（C8 区）

单向空间檀谷店离潭柘寺不远，在这里能看见山，这是京城众多书店中少有的景色。在空间的 2 层，看山，品咖啡，看书，品生活，真是浪漫。

利德衡绿创书店

在实木大条案上开启阅读

雅安路6号C座1、2层

这家书店藏在一个院子里，就是6号院子里，前面是喆·啡酒店，绕到后面的C座就是绿创书店了。这是利德衡公司打造的面向大众的书店。

更读智慧空间

门头沟的千平大书店

桥园路 1 号中关村人工智能文创园一层 107 室

更读智慧空间位于门头沟区桥园路1号中关村(京西)人工智能文创园内。

更读智慧空间，
千平大型书店，
购书阅读与展览，
门头沟里一见。

全民畅读书店
郎园 PARK 店

郎园 PARK 里的全民畅读

上庄大街 18 号郎园 PARK 内 E109、110、111

郎园全民畅读，
购书必来此处，
砖墙刷白未挂书，
挂满地理读物。

这家全民畅读书店是这一连锁书店中我最喜欢的，没有之一，可惜已经关闭了。

里仁书店

古城街道里的茶咖书店

古城街道古融路城通街 26 号院 4 号楼底商 8-38

书店在主广场楼宇背面，可谓闹中取静。在店里可看书可品茶，惬意之所也。店里有一黑一白两只陀螺样子的座椅，搬一只到门外坐坐。

樊登书店
模式口店

又一家门口立有骆驼的书店

模式口大街 77 号

驼铃古道西端的书店，灰砖坡顶，古朴幽静。这里有图书，有咖啡，有文创，看到门口的这头彩绘骆驼了吗？已经被店主做成了独一无二的彩色骆驼冰箱贴。

米莱知识宇宙

京城最大的米莱知识宇宙

阜石路 173 号院 1 号楼京西大悦城三层 32 号

京城目前有三家大悦城，京西是最新的一家。这么大的 MALL 怎么可能没有书店呢？三层这家“米莱知识宇宙”就是一家小朋友感兴趣的书店。

悦闻书院

首钢俱乐部院内不乏书院

古城小街 21 号首钢俱乐部 1 幢一层

镜面的天花板让书院的空间感觉非常大，那就换个角度来一张俯视图吧！

京西书局

驼铃古道上的“最美书局”

模式口大街 7-2 号

模式口于京西，
该书店上台基，
正面玻璃窗落地，
内有宁版书籍。

书店开在驼铃古道之上，隶属宁夏黄河出版传媒集团旗下，店中有些宁夏特产。

良阅书房
郎园 PARK 店

郎园 PARK 里的良阅书房

上庄大街 18 号郎园 PARK 内

似乎各个郎园园区里，都配有一家良阅，这家PARK店临近园区的门口，西面是超大落地玻璃窗，采光充足！

全民畅读艺术书店
首钢店

首钢园里的全民畅读

石景山路 68 号首钢园三号高炉一层

首钢全民畅读，
位于第三高炉，
工业气质不会输，
钢铁书架无数。

高炉对于钢铁冶金专业毕业的我是很亲切的！钢铁企业的气势在文化领域也是最壮观的！

全民畅读·记忆书店 北辛安店

城市记忆公园里的全民畅读

北辛安路新安城市记忆公园西门东侧

全民畅读书店，
古城记忆公园，
七十年代旧门脸，
融入全新理念。

复原了一间老新华书店的门面，店里尽是20世纪七八十年代的物件儿。

一方书庄

一方文艺书庄，一起生活聚场

芳古路芳群园四区东北角

方庄地区新开的一家书店，就在方庄文化艺术中心。从地上一层三联韬奋书店购买书籍，在地下一层饮居坐饮咖啡，围绕着“一方”还有很多主题活动。

逍遥邮书局

开在邮政局里的书店

蒲方路 22 号 1 层方庄邮政支局内

店名“逍遥邮”与“逍遥游”同音，是因为书局位于邮局之内。店分上下两层，楼下购书为动，楼上自习为静，动静分离，靠这个写满人生历程的楼梯连接上下。

適缘舍森林书屋

隐秘在森林公园里的书屋

槐房路南苑森林湿地公园内

在丰台南苑有处森林湿地公园，京南少有的大面积绿地。园中有处独立的木质房屋，这就是適缘舍森林书屋。坐在书屋前宽阔的遮阳篷下读书，满眼全是文字和绿色。

晟坤合书店
三环新城店

从门头沟一路追来的书店

丰桥路六号院甲 8 号楼一层 21 室

晟坤合书店我以前在门头沟拜访并画过，这次在西南三环外，在丰台站附近又遇见，甚是欣喜。不算大的店里贴着很多福字，这张鸟虫篆体福字吸引了我，赶紧临摹一下，别让它飞了。

西西弗书店
大峡谷店

首地大峡谷里的西西弗

南三环凯德 Mall 大峡谷 2 层

以前我经常来大峡谷咖啡厅里埋头创作搞设计，当缺乏灵感时总感叹这里为什么没有家书店呢。现在有了！在二层拥有了这家西西弗书店。

句象书店 和谐银座店

和谐银座广场上的句象

万丰路 68 号和谐银座广场二层

句象书店是很有名的书店，而六里桥西的和谐银座广场店是在京城开启的第一家句象书店。

老槐树下的书店

多种文化功能融于一身

槐房西路 316 号院南庭新苑北区 1 号楼二层

在各种美食餐馆之上有家书店，它位于丽槐街、槐房西路附近，所以书店冠以“老槐树下”之名。店内有个色彩艳丽的区域适合孩子们阅读、下棋。

汇爱书局

一家充满了爱的书店

莲花池南里 23 号汇爱大厦一层

北京西站往西的汇爱大厦一层有一家非常有爱心的书店叫汇爱书局。书架上有成排的盲文书，上下楼有缓坡车道，处处体现着对残障人士的关爱。

泰舍书局

七米高通天书阁和绚丽天井

西局后街 10 号院 9 号楼一层

这是个一千平方米的大书局，通天书阁从地面直通天顶，环绕四周布局，图中所绘是书局正厅藻井处的多层立体彩画，精美且奢华，如果书店有星级，这家一定是五星。

蒙那木河书店 资和信商场店

蒙那木河的集装箱店

西四环南路 1 号设计师广场集装箱南广场二层

这家店位于资和信前广场上诸多集装箱的二层里面，店名的书写极有特色。

蒙那木河书店
京荟广场店

蒙那木河的首家店

梅市口路 133 号京荟广场 D 座二层 209

一家很袖珍的书店，是蒙那木河的起航之地。蒙那木河是法语 Mon Amour 的音译，“我的爱”之意。店里有点小，所以选在了店外这个左右对称的视角，画一下这家小朋友喜欢的书店。

和平书店

宛平城里一家军事主题书店

宛平城步行街城内街甲 64 号

漫步宛平古城，
偶遇书店和平，
主题军事与战争，
特色一目看清。

西西弗书店
丽泽天街店

丽泽天街里的西西弗

丽泽路 300 号龙湖丽泽天街二层 28A 号

《街头作品》是匈牙利摄影大师安德烈·科特兹（André Kertész）的作品，黑白照片与这家西西弗书店黑标店很匹配，我要用我的彩铅描绘一下。

伯鸿书店

中华书局开设的古书店

太平桥西里 38 号

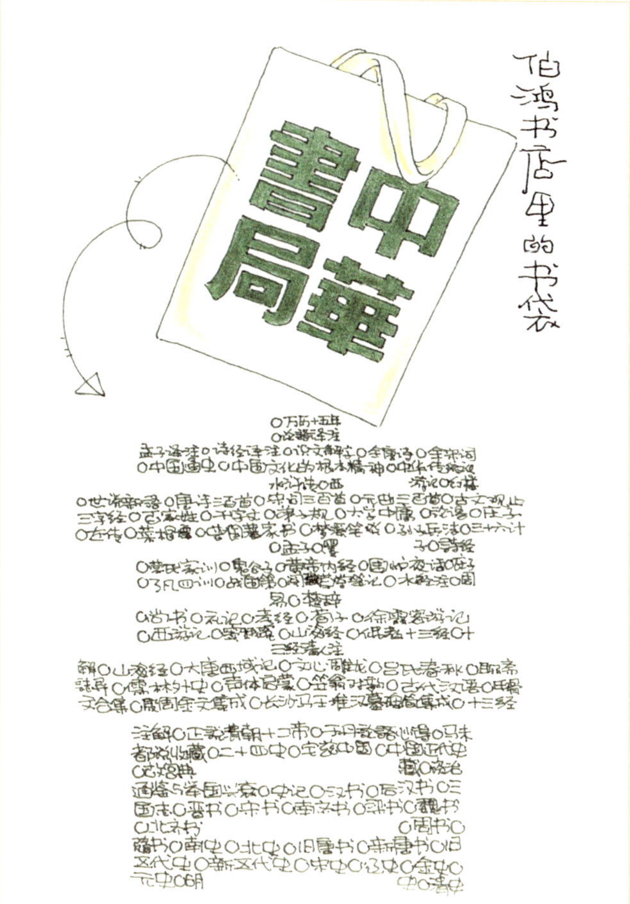

伯鸿书店是中华书局旗下的书店，文史知识、传统文化类书籍应有尽有。原创帆布包上的每个字都是由书局所出版的图书书名组成，妙哉！

翡翠书院
云书图书馆

售楼处里的阅读空间

丰润中路与永澄北路交叉口翡翠书院售楼处二层

看房的同时也看看书吧，这儿就是这样的场所！这里本是万科翡翠与海淀图书馆合作的项目，位于翡翠书院售楼处的二层，是一家公益图书馆。

驹然书舍 &MUMOKUTEKI

有书，有文创，有生活品质

永润路东海淀悦界主题街区负一层

海淀悦界下沉一层，一家集图书、文具、玩具、生活用品、家居用品、服装等于一体的杂货铺，符合MUMOKUTEKI（意为：漫无目的）的含意，是值得细细品味的书店。

外研书店
东升科技园店

怀念店里的那套门楣

西小口路 66 号中关村东升科技园
北领地 B-6 号楼 1 层

外研书店东升科技园店有上下两层，印象最深的就是进门时见到的这座门楼，木雕门上镶嵌着“書”字。目前这家店也已经消失了。

刺鱼书店
中间影院店

中间影院里的刺鱼书店

杏石口路 65 号中间艺术区中间影院内

这家刺鱼书店原来在中间影院一层……点题了刺鱼。现在这张画作为一个美好的回忆吧！

刺鱼书店
中间剧场店

中间剧场里的刺鱼书店

杏石口路 65 号中间艺术区中间剧场 1 层

刺鱼书店在中间艺术区原来有两家，现在只有剧场店。它在中间剧场一层，上楼楼梯的左侧。沿袭了刺鱼的文艺范儿和品位，还是以原版书和繁体书为主。

斯多格书乡

藏在树丛中的宝藏书店

畅春园路北超市发旁

我有一个书店脑，见书店必须进，但是这家店我来了三次，看到了不同季节的店门，真想再进去看看！还是交给有缘人吧，很有特色的书店。

模范书局＋源书坊

曾是左右分体的模范书局

板井路 69 号能量城市 B2 层 S264 号

喜爱店名书样，
引领进店逛逛，
模范书局源书坊，
板井城市能量。

现在这里已经改成了樊登书店能量城市店。

诚品书写生活咖啡馆

叫诚品，却是另一番景象

紫竹院路诚品建筑 3 号楼 1 层

看到诚品，以为是台湾的品牌，其实它是一家社区咖啡图书馆。这两只鹦鹉的摆件非常引人注意，我把它们融进了画面。

四季书房

中关村图书大厦的第一家分店

昆明湖南路 51 号中关村科学城四季科创中心 D 座一层

据说这是中关村图书大厦的第一家分店，位于镶嵌着不同色调的绿色装饰板的玻璃大楼一层，书店除了书，还有咖啡与奶茶。

纸老虎书店

物质食粮店中唯一的精神食粮店

远大路 1 号世纪金源购物中心 F5

书店在远大路世纪金源购物中心的 F5，都属食粮类，与许多餐馆饭店的物质食粮共层。每次来世纪金源必来报到的书店，小老虎 logo 动感十足。

阅其书苑

一家社区的小书苑

马连洼南路柳浪家园 12 号楼

一家不算太大的社区书店，在这里可以阅读，可以自习，可以活动，可以表演，是孩子们非常愿意来的宝藏空间。

彼岸书店

经常来此喝茶的特色独立书店

花园路 2 号牡丹科技楼 A 座

牡丹园的数字电视产业园里隐藏着这家书店，之所以用“隐藏”来形容，是因为门口有一丛灌木，稍不留神就错过了，但巨石会告诉你书店在这里。

万圣书园

十月三十一日诞生的神奇书店

成府路 28 号五道口购物中心 3 层

万圣书园对于喜欢读书的人来说是圣地，这里的书籍超多超深奥，那是划手机永远划不到的内容。万圣书园的logo，是有点像图腾的古怪人形，叫蓝鬼。

大地书院

有超多宝石、矿石的书店

学院路 31 号地质出版社旁

大地书院在一条小路边，进门之后豁然开朗，地质地理类书籍是主角，还陈列着很多宝石和另外意义上的宝石——矿石。记住，门口两侧各有一棵大树。

驹然 24 小时品质生活

一个神奇的有书有文创的空间

学清路甲 8 号圣熙 8 号 E 座 1 层

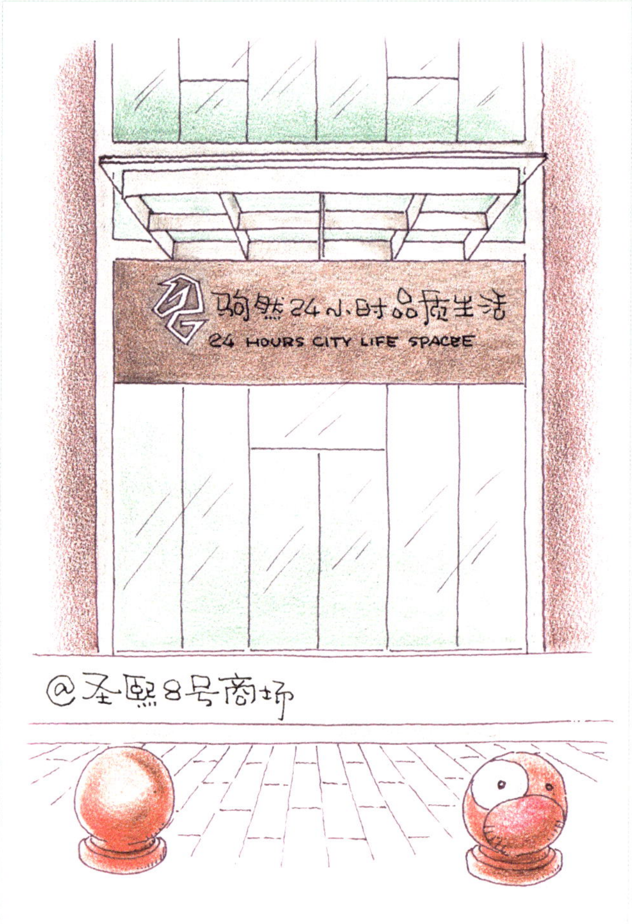

一家坐落在海淀圣熙 8 号商圈里的书店，同时也有丰富多彩的文具与文创。有一次我到这附近赴宴，发现了这家书店，并“沉沦”在这里差点误了饭局。

PAGEONE 五道口店

独栋玻璃建筑的 PAGEONE

成府路 28 号五道口购物中心西侧

叶壹海淀之堂，
临近五道 B 口，
长长书架立左右，
人在书间遨游。

PAGEONE 书店总带着一种高端气质，看这家店，外表多面多棱多角，是座很有艺术气息的独立建筑。

109 书屋

曾生长在公寓楼宇之间的小书屋

成府路华清嘉园 19 号楼 109

进小区绕到楼的正面，才看到 109 室，也就是 109 书屋，一家很私人的独立书屋，不是传统书店的模样，让人有种来串门儿的感觉，怀念一下这家店！

钟书阁 融科店

如同在书山中攀爬的钟书阁

科学院南路 2 号融科资讯中心 B 座 B2 层

钟书阁融科店位于地下二层。迷宫一样的书店，顺着曲曲折折的楼梯，拾级而上来到二层，回头一望就是这般场景！从墙壁延伸到天顶全是书！

墨盒子绘本书馆

名字可爱的绘本馆

成府路 288 号

门前墙上有不同服饰穿搭的五只兔子墙绘，不是那种涂鸦风，而是卡通风，看到这兔子图就知道墨盒子绘本书馆到了。

樊登书店 中关村店

设计进印章里的樊登书店

中关村大街 18 号 B 座一层 0006 室

记得是在 B 座哦，顺着大厦的北侧车道进去往东走，进入 B 座大厅一层迎面就是！一间不算太大但布置得很有读书氛围的书店。

豆瓣书店

与豆瓣没什么关系的二手书店

成府路 262 号

豆瓣书店里的复古书袋书

非常小巧的一家书店，跟豆瓣没有关系，却叫豆瓣书店。店中有一些小装饰品，一只麻质的书袋，装着几本老书，在这里还真是书用麻袋装！

言几又今日阅读
中关村店

初遇言几又

海淀西大街 35 号 3 幢 1 层

创业大街上的言几又，应该是我认识的第一家言几又，当初曾感叹“言几又”店名设计得巧妙。窗内“YJY”书架设计也巧妙，不过现在此店已经没有了。

风入松书店

又见风入松

中关村大街9号

印象中风入松曾经开在海淀图书城，后来关张了，如今风入松书店又重新开张了！原木色与地中海蓝相结合的环境，二、三层的书籍和四层的咖啡等着您。

新东方·阅读空间

这里的吉祥物很萌

海淀中街 6 号新东方大厦北楼一层

一个很惬意的原木色阅读空间，位于新东方大厦一楼。外面是开放阅读区，里面有消费自习室，二层是儿童区，这是家颜值很高的书店。几个白面红手的吉祥物藏在不同角落。

中国书店 中关村店

海淀桥边的中国书店

海淀街道西大街 21 号

中国书店在我印象中都分布在二环里，这家店在北四环海淀桥边儿，一度是离内城最远的一家店了。这是在去绿心公园以前的观点，因为那里有了更远的中国书店。

十月时光书店

跟《十月》杂志有关

中关村创业大街 5 号楼 1 层 104 号

十月时光书店位于昊海楼一层，大概是与《十月》杂志有关吧，拿着这本原创设计的笔记本，怎么都像拿着本精装《十月》杂志。

知岛书店

创业大街上的 24 小时书店

中关村创业大街 2 号楼知岛书店 · 咖啡 · 自习 Stubase

“你好候鸟，我是知岛”，停下来歇歇脚吧！中关村创业大街上的一家可以阅读、自习、喝咖啡的“小岛”，我更愿意认为是家书店。

明德书店

人民大学出版社的书店

中关村大街 31 号

书店是人民大学出版社读者服务部，我特别喜欢人大八十年校庆 logo 的设计，这里的马克杯上就有。设计以伟人书法中“人”和“大”字为基础，加以变形构成了“人大”“八十”。

中关村图书大厦

地处中关村的京城四大书店

北四环西路 68 号

坐落在海淀桥边左岸公社里，中关村最大的综合性书店，年代很久了。每次都从南门进出，其实北门更有气势。

首体书屋

首都体育大学的体育书店

蓟门桥西首体南门东侧

顾名思义是首都体育大学开办的书屋，书籍自然与体育相关的居多，像我这样不爱动弹的肥胖人士都不好意思进去，这里还有CUPES的文创。

京师品阅

与北师大相关的书店

新街口外大街 19-19 号

京师品阅书店就在北师大旁边，深受其书香熏陶。看到写在这儿的留言，仿佛看到高考前备战、在此埋头苦学的学子们!

FREETEXT·自由文本

叫作自由文本的国图书店

北三环西路 8-13 号 1733 商业空间一层 0502

位于北三环，1733 年建立的大钟寺对面，有个商业空间 1733，在商业空间一层有家国图书店叫 FREETEXT · 自由文本。这是一家很小巧的书店。

国图文创

国家图书馆里的文创书店

中关村南大街 33 号国家图书馆

国图文创为什么画在了书店书里？因为这里除了文创产品之外，最大的角色是书籍。我很喜欢荀子劝学篇、神策军碑和永乐大典三款冰箱贴，因为我是文化人儿！

友贤山馆

紫竹院公园里的公共文化空间

中关村南大街 35 号紫竹院公园内

友贤山馆在紫竹院筠石苑景区里，南长河北岸，跟着导航走吧！这是一家闹中取静的小书店。

模范书局 + 友谊书坊

开在“科学家之家”的模范书局

中关村南大街 1 号北京科学会堂

西北三环南侧，
北京科学会堂，
模范书局在路旁，
plus 友谊书坊。

大有书馆

红色主题的大型复合式书店

厂洼中路 1 号国家行政学院欣正大厦一层

国家行政学院东南角，一个宏大气派的店门跃入眼帘，让人一看就知道这是一家大书店。里面布置合理，书量巨大，书香环境绝对一流。

外研书店

属于北外和外研社的品牌书店

西三环北路 19 号北外国际大厦 1-2 层

位于北京外国语大学西区，一家综合型书店，外文书比较多。看这只紫皮鹦鹉就是北外的吉祥物：鹦鹉学长。配合它，我也扮演一把“毕业鸟”。

人文考古书店

只卖考古文物类图书的特色书店

三虎桥南路 17 号院北京工业大学留学人员创业园 102 室

这是家极有特色的专业书店，从店名可知一二。书店没有打卡店的豪华与时尚，也没有咖啡与甜食，只有朴实无华的通天书架，摆满了文史、考古、博物类图书。画下个选题一定会常来的。

国际书店

中国第一家图书进出口机构

车公庄西路 35 号南门西侧

每次走到西三环花园桥，总会想到附近的国际图书贸易公司，总觉得这里该有家外文书店，果然国际书店就在这里！店名是当年郭沫若题写，还有俄文、英文的译名。

王先生·女士书店

"书 +X"的女性数字书店

复兴路 29 号翠微百货 B 座 2 层东侧

翠微大厦二层东端一片翠蓝之间，就是这家王先生·女士书店。我真想问问王先生，为什么明明是女士书店，却冠以"王先生"之名，这位王先生是何许人也？

方所

知名的文化先锋书店，京城首家

复兴路 69 号万达广场 2 层

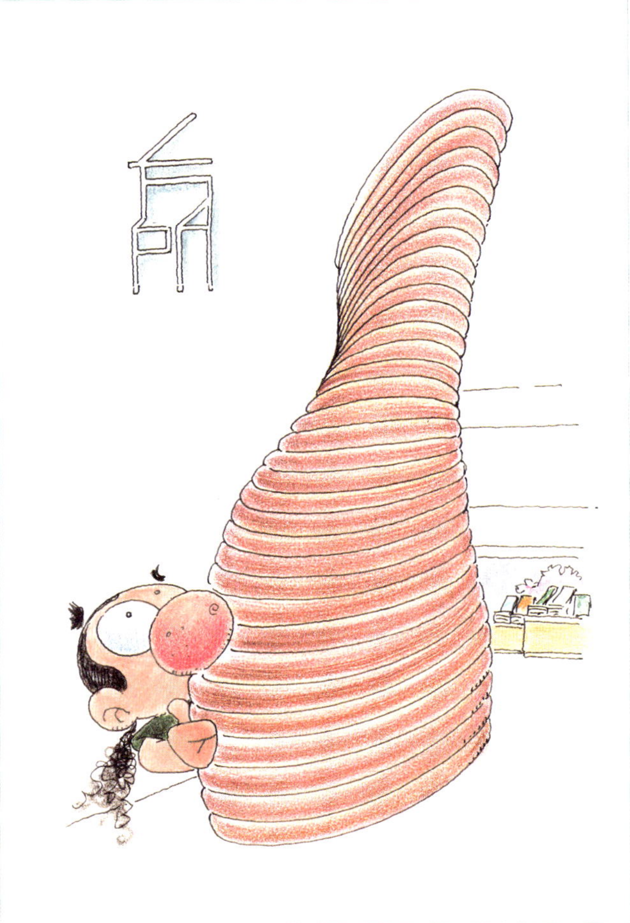

我对方所慕名已久，它落户在京城五棵松万达商圈。店中布局疏密有致，有很多不同的区域提供给不同的读者，我最爱的还是其中的方所志。

西西弗书店
凯德晶品店

公主坟西面的西西弗

复兴路 51 号凯德晶品购物中心一楼底商

这是长安街西延长线上的西西弗书店。沿袭西西弗一贯的欧式复古装饰风格，在一面装饰墙前潜心阅读。此店位于凯德晶品购物中心一层西端。

乐府书局

录制棚与书局结伴而行

万寿路甲 15 号院 5 区 11 栋副楼

我经常路过万寿路，竟然没留意到这家店！原来这是一家以音乐为主题的书店，推开旋转书架门进入到安静且洁净的空间。重要的是这里还有专业录音棚。

谊恒书肆

与中西饮品相结合的书店

清河营南街 9 号院华贸天地西区 B1 层

华贸天地分东西区，有上下层，高高低低，熙熙攘攘，其间就坐落着这家谊恒书肆。你可以在此品茶、喝咖啡、学习、思考、发呆，当然少不了购书、阅读。

西西弗书店 北苑天街店

北苑天街里的西西弗

北苑东路 19 号院龙湖北苑天街 F2

这家西西弗位于北苑天街 A 区 2 层安静的一角。书籍分类清晰，易于寻找，除了 UP 咖啡里面可坐之外，还可以跟小朋友在这个三层的红色长座儿上挤一挤。

米莱知识宇宙
北苑天街店

超市里的儿童书店

北苑东路 19 号院龙湖北苑天街 B1

又见到一家开在超市里的米莱童书书店，这次是在龙湖北苑天街上。翠绿色的标识召唤着孩子们，这里是一家童书店。记得就在卖玩具的旁边哦！

单向空间 朝阳大悦城店

朝阳大悦城 5 层悦界里的宝藏书店

朝阳北路 101 号朝阳大悦城 F5

朝阳大悦城 5 层悦界里，就是单向空间的空间。坐在落地大窗前，品着咖啡，画着书店的漫画，岂不乐哉？可现在这一场景已经凝固成回忆了。

上海三联书店

朝阳大悦城九层的大型书店

朝阳北路 101 号朝阳大悦城 F9

朝阳大悦城的上海三联书店有着超大的区域，图书、文创、咖啡都有，周围还有些主题空间。这张画面里有只迎宾的大白兔，是当年正值兔年的缘故吗？

言 YAN BOOKS

专营艺术时尚设计类原版书刊店

青年路西里 5 号润枫水尚 8 号楼底商 05 号

言 YAN BOOKS 首店，我最喜欢去的独立书店，落地窗里大大的白色“YAN”字，像立柱一样支撑起这家书店的门面。这是一家几乎与海外同步销售原版书籍、杂志的专营书店。

予果书店 惠多港店

欧美工业风购物中心里的书店

豆各庄黄厂西路 1 号惠多港购物中心 F2

这家予果书店是我从亦花园一路追过来的。进入惠多港有种欧美工业风的感觉，但进入予果书店就又有了接地气儿的感觉，在店里后面的书架前安静下来读会儿书！

布衣连环画书店

易心堂连环画博物馆的配套书店

黄厂路豆各庄 1 号易心堂文创园

这是一家位于文创园里的书店，园区以文旅、影视和体育产业为主，最大特色是荣唐连环画博物馆位于园内，这家店是连环画博物馆配套的阅读空间。

奇遇书店

一家曾经的旅游主题书店

南皋路 129 号 19 幢平房 101 室

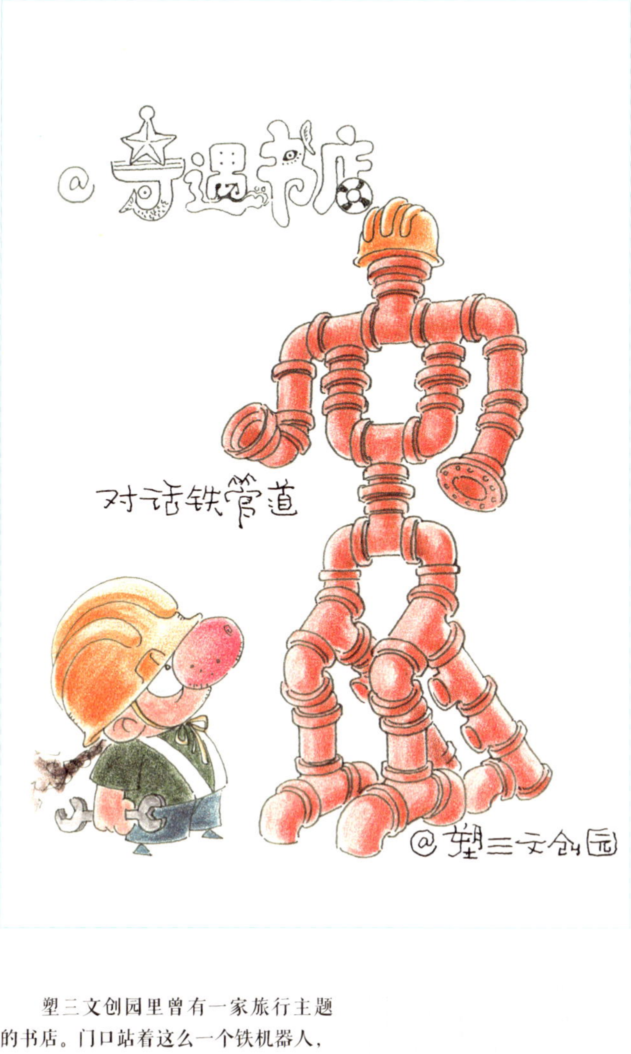

塑三文创园里曾有一家旅行主题的书店。门口站着这么一个铁机器人，我自己也曾经做过一个铁机器人，也在文创园里，比这个个头大，气势足。这家店也变成“曾经”了。

新华书店 E9 店

曾经开在酸奶车间里的新华书店

双桥南街 E9 创新工场 7 号楼

E9 创新工场原本是家奶制品厂，里面有很多不锈钢的罐、管。曾经的物质食粮的产地，现在演变成了精神食粮的卖场，是最有特色的新华书店之一。可惜这家店已经闭店了。

言 YAN BOOKS 郎园店

静雅的环境里依旧是原版的图书

半截塔村 53 号郎园 Station C11-6

言 YAN BOOKS 是我最常逛的书店，没有之一！这家是开张于郎园 Station 里的京城第二家，特意追着来逛逛。我没有空跑，夹着一本日本绘本年鉴，蹦跶着回家了。

单向空间
郎园店

红砖、混凝土、黑书架和书

半截塔村 53 号郎园 Station D3-1

穿过郎园 Station 的中央车站，来到幽静的 D3，这里就是单向空间所在。点杯中意的饮品，挑个靠窗的座位，找本许老板给选的书，待上一天。

芊里自在书店

淡淡的墨绿色图书空间

东坝中路 38 号金隅嘉品 Mall 一层

在金隅嘉品 Mall 一层有家装修成宁静墨绿色的书店，一进门就会很快安静下来。这里有书籍、文创和咖啡，里面还有自习室和绘本馆，我进了多个读者群。

樊登书店
赜隐店

开在设计公司大院里的樊登书店

马各庄路东晓景 203 号北院

这是最有特色的一家樊登书店，它是由樊登与两位优秀的女士萨日娜和王凤波共同创办。它隐秘于普通，惊艳在院内。院内您可以逗狗、观鱼、赏孔雀，更可以读书、看画、品奶茶。

食阅坊

和餐吧开在一起的书店

东坝南一街北京奥林匹克花园 28 号一层

物质食粮与精神食粮兼于一身，一层有餐饮有图书，沿着长长的楼梯拾级而上，就来到了童书更多的区域。

良阅城市书房
郎园 Station 店

郎园 Station 里的良阅书房

半截塔村 53 号郎园 Station 南门

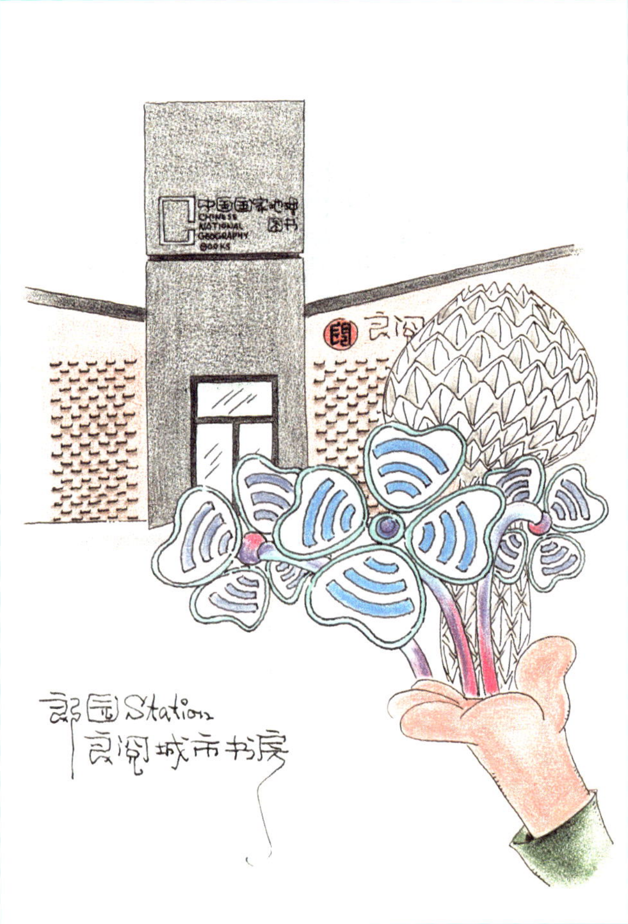

每一个郎园都配有一座良阅城市书房，Station 里面就是这家书店。门前有件白色的金属蘑菇雕塑，又貌似用硬纸折叠而成，现在已经换成了彩色 Wi-Fi 图案的花朵。

另一个书屋

一家女性主义主题的书店

半壁店文化产业园 C-102 号

一家女性主题书店，“另一个”店名源于主理人所喜爱的一本诗集名字《另一个，同一个》，同时也表明了这里的主题。

樊登书店帆书

E50 艺术区里的帆书

广渠路 E50 艺术区 A07 号

E50 艺术区是由国家广电总局 491 电台老旧厂房区改造而成的，我特地来感受一下“电波氛围”。一进门右边先发现了一家樊登书店，书品不太多。它与“遇见知味”餐厅共处一室。

新华书店 管庄店

开在管庄大街上的新华书店

管庄大街 52 号

走机场二高速时，曾匆匆走过商铺林立的管庄路，当时没有留意到这家书店。后来过来参加活动时才亲身感受了这家书店的丰富与精彩，您也来看看吧！

梦想书坊

拥有着宽敞的摄录空间的书店

双桥路 12 号东院电子城新媒体创新产业园

双桥路边新媒体创新产业园里的宝藏书店，离北二外比较近，所以有只二外的吉祥物飞到了这里，它叫作小鸾，一只青色神鸟。记得北外也有只吉祥物，去找找看。

新启蒙书店

一家开在地下一层的书店

常通路 1 号长楹天街购物中心
西区 B1-105 室

长楹天街购物中心分东西两区，紧邻的南侧是长楹商业街，在西区南侧的商业街西端有一个不太起眼的小门，就是新启蒙书店。一进门往 B1 一望，别有洞天。

西西弗书店
长楹天街店

长楹天街里的西西弗

常通路 1 号长楹天街购物中心西区二层 F2

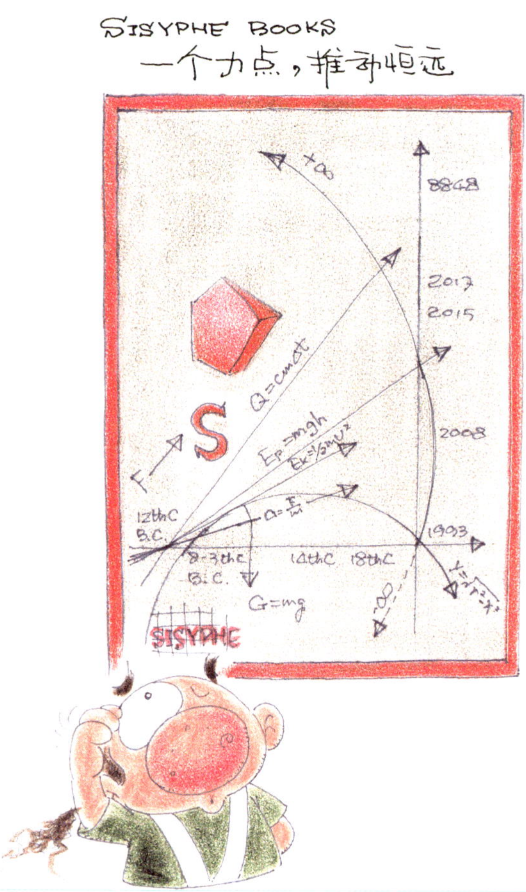

长楹天街很长，长长的天街西端，就是西西弗书店。很多家西西弗都有幅奇特的坐标公式图，横轴是人类文明史，纵轴是有意义的关键年份，“1993”想必是书店的起步年代。

中传知行书店

中国传媒大学北沿上的书店

定福庄东街 1 号中国传媒大学 47 号楼一层

中传知行书店是中国传媒大学的书店。Communication University of China 的英文简称 CUC，所以店里离不开 CUC 元素。

西西弗书店
颐堤港店

颐堤港里的西西弗

酒仙桥路 18 号颐堤港 2-22

颐堤港里不该缺书店。记得以前常来这里逛叶壹堂，叶壹堂关后就没再来过。等我再次来这边观展，发现已经有了这家西西弗，读书人的幸事！

SKP RENDEZ-VOUS-S

SKP 南区的国际范儿书店

建国路 86 号北京 SKP 南区 F2

SKP 分南北两区，各有一家 RDV 书店，RDV-S 的 S 可知此店在南区。这里是京城书品与环境俱佳的书店之一。相较北区，这里多了些舒适与宁静。

刺鱼书店
竞园店

竞园里的刺鱼，也是首家刺鱼

广渠路 3 号竞园艺术中心 12C

竞园里一家很有文艺范儿的书店，有很多台版书。它有一大特点，在书店后区有一个上世纪老供销社的场景和不少老物件儿，勾起人们的好奇与回忆。

多抓鱼二手书店

在大望路电影产业园里初遇多抓鱼

通惠河北路 10 号大望路电影产业园

在大望路电影产业园的里面曾经有一家叫作多抓鱼的二手书店，销售经过消毒翻新的二手书。这家店关过两次，这张画画的是第一个地方。注：多抓鱼是法语 déjàvu（意为：似曾相识）音译。

大雅书坊

出版创意与版权创新基地里的书店

东四环窑洼湖桥东进国际中心 A 座 B1 层

在南磨房的中国出版创意产业基地的东进国际中心地下一层，有家书店叫大雅。有很多大而雅的书，当然包括很多出版创意产业基地里出版的书。

轩辕书馆

酷车小镇里的书店与车相关

金蝉西路甲一号酷车小镇 D1-1

不要以为酷车小镇只是养车、改车、装饰车的地方，它还有一家书店，连桌子都是用轮毂攒的，汽车元素运用得很充分。

春明簃

首都图书馆的“京城书斋”

东三环南路 88 号首都图书馆 A 座外

春明簃，一个需要研究才知道店名含义的书店。春明者，唐长安春明门，代指京城；簃者，阁楼旁小屋，指书斋。簃内悬挂着三只肥肥的黑色沙燕儿。

航空书店

超小的自助书店

远安北一路中航产融大厦一层

这家书店很神奇，位于中航产融大厦一层，仅靠一高一低两组摆满航空主题图书的书架来昭示这是一家书店。书店无人值守，谁买书谁扫码，各有所得。

PAGEONE 北辰荟店

北辰荟里的 PAGEONE

北辰西路 6 号院北辰荟商场一层

京城最新的 PAGEONE，从当年国贸三期店开始追逐着它的每一步变化。这家店用两层空间做出了三层的效果，书品依旧，店里还有一块音乐区，有黑胶唱片和唱机。

百年书房

复刻了延安万佛洞时新华书店的场景

北辰东路 7 号党史馆负一层

建党百年时开张的书店，在中共党史展览馆地下一层，书店分为东西两个区域。一侧为选书购书，一侧为休息阅读。图中所绘是当年延安清凉山上的新华书店发祥地旧址浮雕。

有书空间

暖山上有书的实体店

红军营南路 36 号暖山生活 F2

有书空间作为现代书店，应有尽有，如：图书、文创、咖啡、潮玩，亲子阅读加自习室。这长长的装饰架从远处望过去像是一片绿荫。

国图书店
亚洲金融大厦店

环境很豪华的书店

天辰东路 1 号院 1 号楼 D 座 5 层

这家国图书店可高大上了，它位于亚投行所在的亚洲金融大厦 5 层，虽在楼内，但高大开阔，在郁郁葱葱的绿植之间是桌椅、书架和书。

奥森书局竹林店

开在奥森公园竹林里的书店

奥林东路奥林匹克森林公园南园

奥森书局竹林店位于奥林匹克森林公园南园内，从南门进入公园以后，沿着步道向北步行，路过一小片竹林，就来到了这家宽敞通透的竹林店。

悦读奇缘
暖山生活馆

暖山里很温馨的亲子图书馆

红军营南路 36 号暖山生活 F2

一家亲子图书馆，中色调的浅绿环境里孩子们坐在地毯上安静地阅读。高低错落的圆拱形书架像山丘，天上垂下白云，像不像绿野仙踪的童话世界？

旋木时光

曾位于东北四环的书、文具和文创店

北四环东路 73 号远洋未来广场购物中心 F2

小营旋木时光，
兼售书籍文创，
文具丰富又高档，
图书选品多样。

这家店已经闭店了，想感受这里的氛围，可以到别的旋木时光。

RENDEZ-VOUS KIDS

DT51 的国际范儿儿童书店

北苑路 98 号院 1 号楼 DT51 购物中心 4F

在 DT51 购物中心里，开辟一处专为小朋友阅读购书的天地实属难得。由圆弧曲线围成的环境中，坐在矮矮的小座椅上，恨不得赶紧找一本绘本故事书看看。

小营六号书店

有红色旋转楼梯的公益书店

鼎慧街道道尔泰生活市场

我是带着对书店的想象前去拜访的，工作人员称这里是小营六号图书馆，大家一起阅读书、评论书、推荐书，总之是一家与书息息相关的活动空间。

首开书院

城市密码咖啡香味里的书店

小营路 25 号首开大厦底商

首开集团的书店，书品倾向于城市、建筑和艺术设计，同时围绕着北京文化。书店分上下两层，登上二层迎面是一面 2008 年奥运会开幕式表演时所击的“缶”。

RENDEZ-VOUS DT51 店

DT51 里的国际范儿书店

北苑路 98 号院 1 号楼 DT51 购物中心 3F

这家店沿袭了 RDV 书店的高端风格，选品依旧是艺术、时尚、设计、生活类中外版图书，另外还有摆件装饰、玻璃器具、潮玩模型，是艺术感很强的一家店。

亚运村图书大厦

地处亚运村的京城四大书店

慧忠北里 309 号楼第五大道三层

亚运村图书大厦还是那么大。我很欣赏童书区域这棵大树，柱子被装饰成树干，浓密的树冠是由大小不同的方块组成，真是“大树底下好读书”。

中油书店

石油出版社的书店

安华路安华里二区 1 号楼 1 楼

贴近京城中轴，
木偶剧院之右，
石油工人一声吼，
知源书店中油。

钟书阁
麒麟新天地店

高度被玻璃天花板翻倍的钟书阁

📍 阜通西大街 11 号合生麒麟新天地 B1

望京麒麟新天地里的钟书阁，镜面运用很炫！天花板的镜面让钟书阁的高度翻倍，店里面的书籍也很丰富，当然也是翻倍的。

Bookslin
韩国书店

可能是京城唯一一家韩国书店

望京西园三区 316 号楼 2 层

可能是京城唯一一家正宗的韩国书店，正宗到我连书里一个字也不认识，正宗到我只能靠微笑、点头与店主交流。所画的是门前小景。

知遇书堂

针对青少年的两层小书店

南湖南路 16 号院 4-2 号

望京南湖南路上的一家书店，在三帆中学旁边。店面比较豪华，店内比较精致，上下两层。适合孩子们学习的书比较多。

国图书店
北投购物公园店

环境幽静的开放书店

安定路 5 号院 20 号楼北投购物公园 B1-34

图中所绘是北投购物中心地下广场的国图书店一隅。书店远离外面喧嚣，安静且舒适，适合安心地阅读与学习。店里还有个搞活动用的阶梯小舞台。

小宝图书馆

遛娃就往这里遛吧！

安苑北里 26 号诸园文化教育产业园三层 302 号

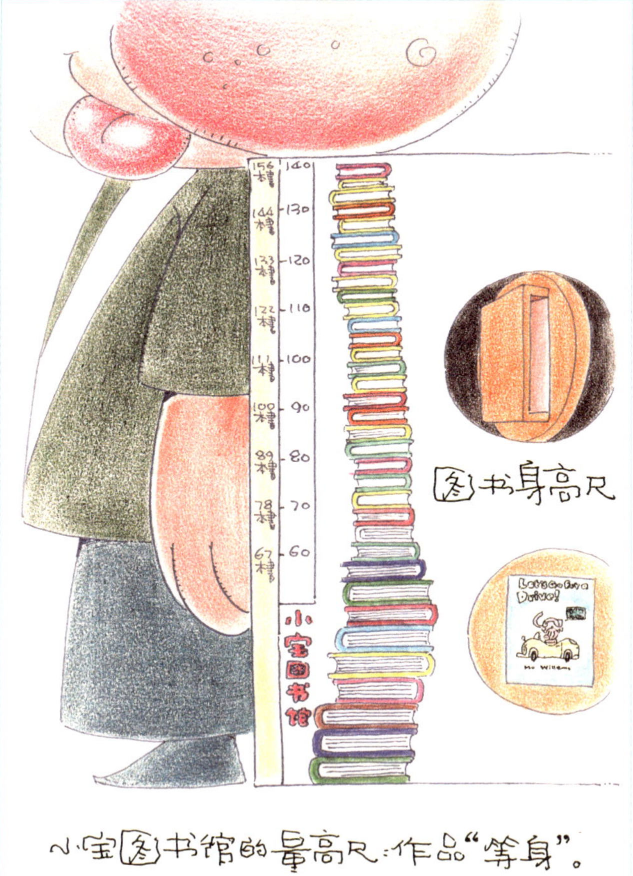

介绍一个地点，
诸园三层里面，
请进小宝图书馆，
萌娃必定喜欢。
小宝图书馆是为宝宝们准备的，
所以连量高尺也只有一米四高。

言几又官舍店

让读者非常怀念的一家言几又书店

东方东路 19 号院 5 号楼官舍南区 2 层 F217

言几又之官舍，
燕莎桥边坐落，
书籍文创咖啡喝，
钟爱满墙彩色。

我从小就喜欢这样整套的彩色铅笔，那时摆弄着玩儿，现在玩儿着摆弄。本店已闭。

芊里自在
ART SPACE

燕莎商城一个宁静的修身修心之所

亮马桥路 52 号燕莎友谊商城 F4

燕莎友谊商城 4 层的书店，曾经销售原版外文图书，我偶有光顾，现易主成芊里自在。这是一个拥有书籍、唱片，还有各种艺术展品的空间，对了，还有茶！

阅动朝阳书店

图书文创与运动餐饮相叠加

十里堡路 1 号 126 号楼 1 层 103

这家“阅动”是集书店、运动、咖啡、餐饮和演出于一身的综合体，这里满足了有动有静，有吃有喝。我念念不忘店里成套的美国《国家地理》杂志。

AGORA 阿果拉书店

酒宜今朝醉，书散明日愁

酒仙桥路毕淘买生活广场 3 层

穿过毕淘买生活广场 3 层，进入下沉式门厅，就来到了阿果拉书店。这家书店有咖啡有酒，有文创有书，可以闲聊，可以发呆，店名 AGORA 表明了这是一处文化市集。

罐子茶书馆

798 中二街上的艺术书店

酒仙桥路 2 号北京 798 艺术区
D06 中二街

走在中二街，玲珑剔透的大玻璃窗上贴着莫名其妙的三个方块儿字，这里就是罐子茶书馆，一家艺术类图书的专营书店。这三个方块儿字是当代艺术家徐冰所书，分别代表 CANS、BOOK 和 SHOP 三个英语单词。

佳作书局 UCCA

798 尤伦斯里不缺少佳作书籍

酒仙桥路 2 号北京 798 艺术区
尤伦斯当代艺术中心商店二层

在尤伦斯当代艺术中心商店，顺着灰色的台阶往上，就到了佳作书局UCCA 店，这里以原版的艺术、设计和展览的画册为主。您看完了下面的展览后，不妨来这里转转。

798 机遇空间

798 西街的综合艺术空间

酒仙桥路 2 号北京 798 艺术区 D 区 798 西街

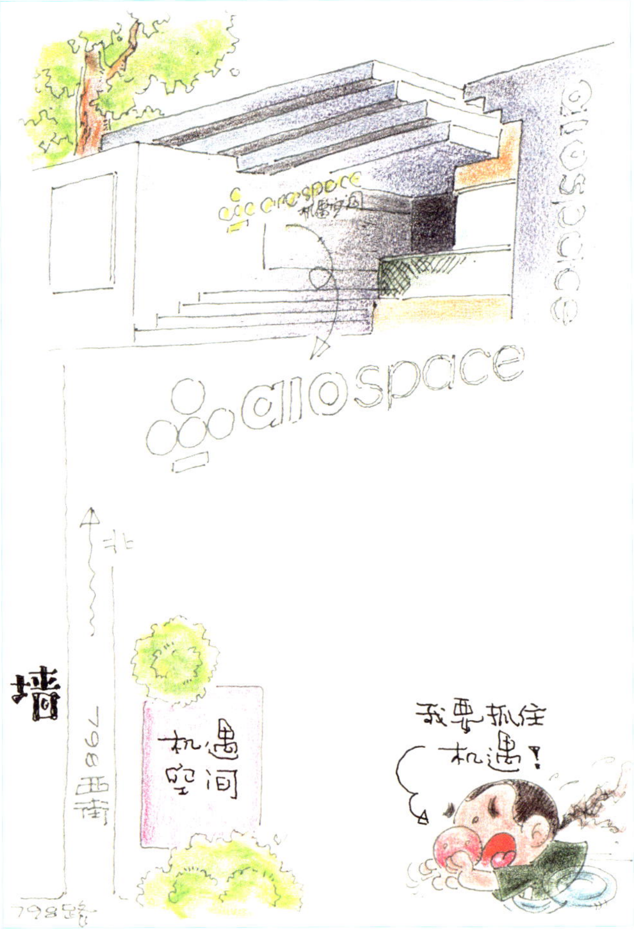

aiospace 意为 all in one space。精心设计的灰色门头，立体、丰富且有层次，这里是一处共享空间，书店就在这里面。

旁观·书社

798 街角书店，我画书店的起点

酒仙桥路 2 号北京 798 艺术区东街拐角

一家 798 艺术区里的老书店。店里装饰着这副对联，上下联貌似各八个字，其实叫它“图案”更准确，用四加三字的“七言短句”形式描绘了传说的八仙。

新华书店 宠物主题店

养着许多宠物的新华书店

和平里东街和平街十区 7 号楼

京城新华书店的几家店具有不同特色，这家就是宠物主题书店。这里除了看书之外，你还可以撸猫逗狗。不过我到店时候比较早，宠物还没有入住。

新华书店·淡土茶事

与茶香共处的新华书店

顺源里2号楼

新华书店的茶空间——淡土茶事

这里原本是家新华书店，现在变身成为一家古香古色的书店加茶馆组合，或者说是一家茶艺主题的书店。您在阅读购书之余可以品品茶香，听听古琴。

中信书店 启皓大厦店

启皓大厦里的中信书店

新源南路 8 号启皓大厦 1 层

中信书店是启皓大厦 1 层的一处大空间，由二十多块巨幅玻璃组成了超长落地观景大窗，清晰展示了店内的饮、食、花、书、音、画。怀念一下 MOOMIN 主题装饰。

由新书店

YOU THINK，以创新为主

东直门外斜街东外 56 号文创园 A 座 110 号

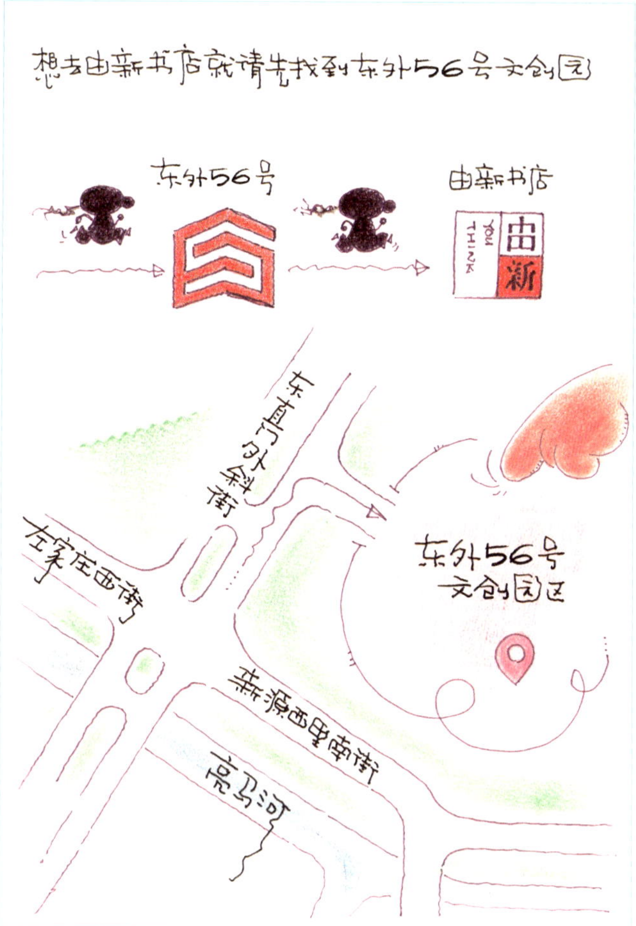

早就听说由新书店，在东外 56 号园区的一座透明玻璃建筑里，进门一看，店比想象的大！这是一家以创新为主题的书店。

中信书店 富力广场店

富力广场里的中信书店

东三环中路 65 号富力广场 4 层

这家书店有个儿童互动区，也就多了很多儿童图书和玩具周边。地上曾有一本大“书”，小朋友坐在上面高矮合适。

中信书店 合生汇店

合生汇里的中信书店

西大望路甲 22 号合生汇购物中心 F2

书店位于九龙山合生汇二层闹中取静的西南角，一层是书籍区，一层半是消费区，通过弧形的大落地窗可以看到路口熙熙攘攘的人群。

绿洲儿童图书馆

苹果社区里的儿童绘本馆

百子湾路苹果社区北区 1 号楼 1 层 08

在苹果社区寻找另一家书店时，却偶遇这个图书馆 Oasis Kids。这家儿童阅读空间是名副其实的绿洲，进门满眼绿色，绿地、绿墙、绿植。

雷因书店

一家有咖啡味道的书店

百子湾南二路 76 号院 5 号楼 07B 室

雷因书店在九龙山路边，北边有苹果社区和乐成国际学校，是我来参加活动时发现的书店。这里有书有咖啡有文创“三件套儿”！

今日艺术汇书店

今日美术馆的配套艺术书店

百子湾路 32 号苹果社区北区 4 号楼 1 层

这家书店在百子湾苹果社区西侧一座红砖建筑的一层，里面有的书架是斜的，左低右高，除了艺术类图书之外，还有原创工艺品、饰品、画作、雕塑销售，甚至还卖服装。

多抓鱼循环商场

再见三里屯机电院的多抓鱼

工体北路 4 号机电院 75 号楼

多抓鱼第二次开店在工体这边的机电院内。那鱼还是“似曾相识”。左侧售图书，右边卖衣服，我一如既往地只关注左侧！现在这家店二次闭店了。

复调 通盈中心店

曾是线下的美式漫画与潮流文化店

南三里屯路 1 号楼通盈中心 F1

复调门前摆着一只 Kidrobot 的大 Dunny，便知里面一定有很多美式潮流文化产品。一进门整墙的原版美漫杂志封面，紧跟美国的出版节奏，现在此店已转线上。

旅人蕉阅读俱乐部

法国文化中心里的法文书店

工体西路 18 号法国文化中心一层

法国文化中心里的书店，国内唯一一家法文原版实体书店，即便我是个老法文盲，也曾经在这里狂购过多本法文漫画书，并且只认得一个法文词儿：Bande dessinée（意为连环画）。

中信书店
三里屯店

嘉铭中心里的中信书店

东三环北路 27 号嘉铭中心 B1

要说精神食粮跟物质食粮结合得最好的，我想就是这家中信书店了。看书在图书区，进餐在西餐区，就在图中的尽头右侧。点餐用“谷物方式”，购书方式从略。

postpost 三里屯店

“长着”很多纸蘑菇的书与咖啡之店

幸福三村五巷

门前电线杆拉线是真实的，postpost就是这样开在三里屯北区的一条小街边。进门可见大小不一、高低错落的纸质蘑菇，店里有书、有杂志，有酒、有咖啡。

Jetlag books

媒体人创立的独立书店

三里屯太古里西区 1F 西侧

日时差综合征，
Jetlag 书店之名，
收集各地之天空，
展于书店门顶。

PAGEONE 三里屯店

三里屯里的 PAGEONE

三里屯路 19 号三里屯太古里南区 2 号楼 S2-21、22

叶壹朝阳之堂，
三里屯里深藏，
灯红酒绿属时尚，
书香沃土一方。

三联韬奋书店 三里屯店

三里屯商圈最大的书店，品种真多

二里屯北街 43 号

京城第二家韬奋书店，顺着缓坡慢慢上行，穿过窄窄的过道，绕着弧形回廊，两侧的书架里是无数的书籍。你就穿行在弯弯曲曲的书林之间。

春风习习
朝阳城市书屋

有很多原版艺术杂志的城市书屋

三里屯北街 36 号

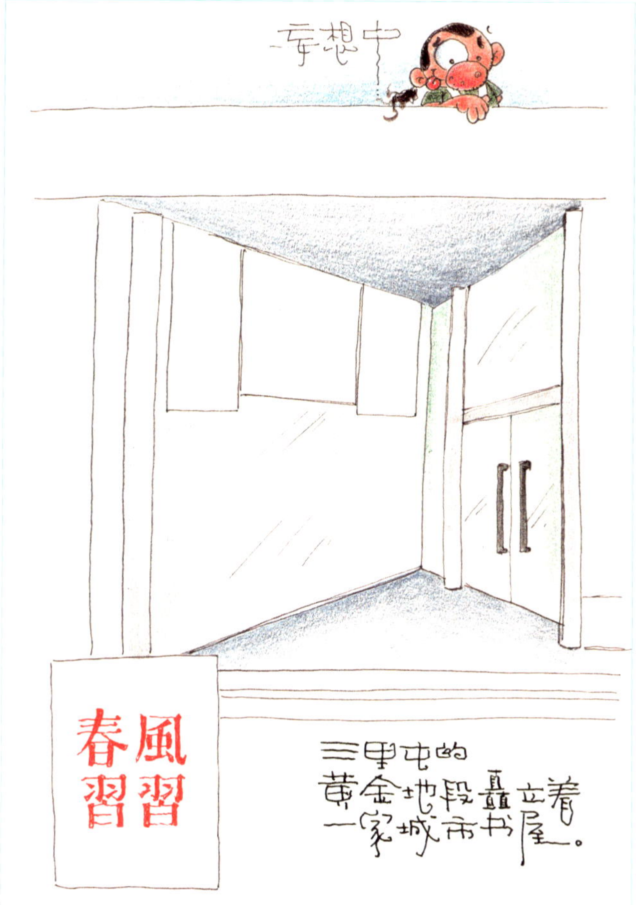

在三里屯太古里的北侧，浮华的商业氛围之中，特立独行的一家城市书屋。里面有很多国际流行的艺术、设计、生活类杂志展示。

SKP RENDEZ-VOUS

SKP 北区的国际范儿书店

建国路 87 号北京 SKP4 层 A 区

这家书店是我愿意经常去看看的书店之一，但名字老记不住，也不知怎么读，叫它 RDV 好了。在 SKP 的 4 层，高端大气颜值高！这里有很多外版艺术设计类图书。

建投书局
北京国际中心店

国际中心一层小型建投书店

东三环北路 38 号院 4 号楼一层

一提到建投书局，马上会想到世纪财富中心二层的那家网红店，其实京城还有一家建投书局，就在这里：北京国际中心一层西侧。

建投书局
国贸店

传记主题的书店 + 咖啡店

光华路 5 号世纪财富中心 1 号楼二层

我画的是建投书局及门口的局君，为什么不叫局座而叫局君？

又是一家高端大气颜值高的大书店。

中图外文书店 COZYBO$_2$K

少有的国字号外文书店

工体东路 16 号

中图外文书店 COZYBO2K

多年前我经常去中图公司取订阅的原版杂志*MAD*，记得中图外文书店似乎在北侧的主楼内，后来才发现外文书店搬到了南侧，这是京城少有的销售原版外文图书的书店之一，目前正在装修中。

宸冰书坊

由女主持人创办的书店

东大桥路 8 号尚都国际中心 A 座二层 0211 号

在 CBD 这样的黄金地段，有这么一家安静的书坊实属不易。创始人宸冰是知名的读书类节目主持人，直播介绍图书是必不可少的。

蒲蒲兰绘本馆

日本白杨社在中国的第一家儿童绘本馆

东三环中路 39 号建外 SOHO 西区 13 号楼一层

蒲蒲兰绘本馆在建外SOHO，走进一层大门，顺着这条彩虹色的地毯往上爬，就来到了我慕名已久的蒲蒲兰绘本馆。只是这家书店只能存在于回忆中了。

西西弗书店 国贸黑标店

国贸的黑标西西弗

建国门外大街 1 号国贸商城北区 B2

这幅画画的是西西弗书店国贸的黑标店，但各家店的装饰风格和售书品类都很接近，面对墙面是一排座位，可以坐下阅读、思考或啥也不干。

naive 理想国

咖啡与文学交融

通惠河北路郎家园 6 号郎园 VINTAGE 2 号楼

郎园进南门往左边走，白天咖啡加书，夜晚酒加书，营业时间是 10：00 至次日凌晨 1：00，是理想家们的空间，是 naive “天真稚拙”的空间。

樊登书店 正觉店

与读者互动的卡片设计感十足

通惠河北路郎家园 6 号郎园 VINTAGE 5 号楼

樊登书店正觉店的窗外，支着枣红色的遮阳篷，我还以为是门呢，其实是窗。这里才是书店的门，门里是柔柔的暖色调，摆着大大的樊登 logo。

良阅城市书房
郎园 VINTAGE 店

咖啡吧的菜单上请了几位名人助阵

通惠河北路郎家园 6 号郎园 VINTAGE 16 号楼

郎园 VINTAGE 里有家良阅城市书房，面积不大，有书有咖啡，还有一棵树在店里。有次活动去早了，我就在这棵树下的椅子上发了很长时间的呆。

米莱知识宇宙儿童书店

超市旁的米莱童书

东四环中路 189 号芳圆里 IDMALL B1 层

我发觉米莱童书有好几家都距离大型超市不远，芳圆里 IDMALL 里的这家店就是这样的，它位于盒马鲜生旁边，您逛超市时可以带孩子们来这里购书。

新华书店 劲松店

劲松附近的老书店

劲松路劲松三区 301 号楼

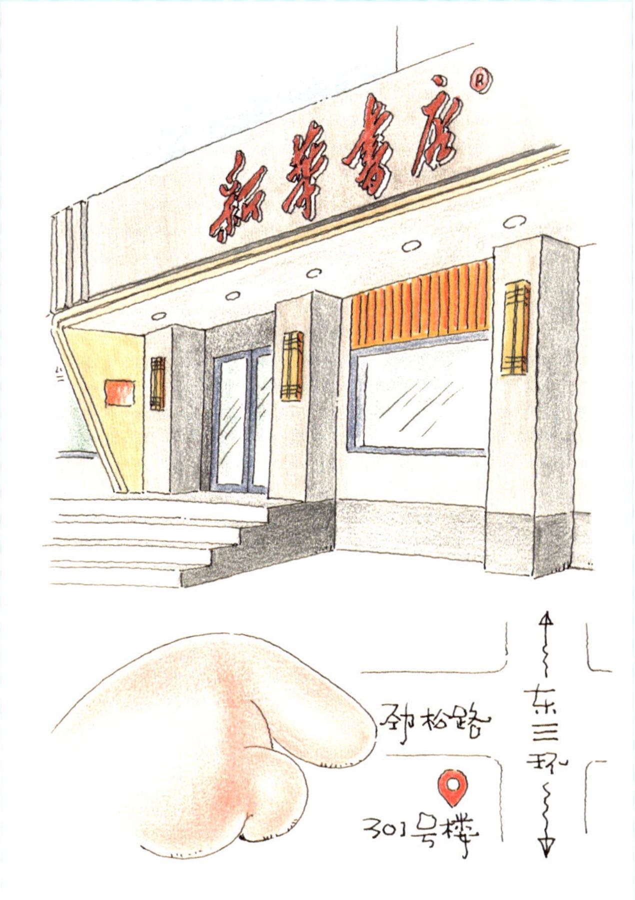

这是一家劲松路口开了很久的书店，我以前开车经常路过，这次为了画书店，特意徒步前来拜访。前几年书店重新装修，算是老书店展现出了新面貌！

新华书店
动漫主题店

好像进入了动漫王国

劲松五区 523 号

这是一家有特色的新华书店，虽然有一个猫形大书架，但这里不是宠物主题，从猫的卡通风格可知，这里是一家动漫主题书店，希望我这本漫画书也可以挤进来。

熹阅堂

高颜值的自习阅读空间

西大望路 27 号北化机爱工场文化产业园 107 幢

随着你漫步在旋转楼梯，楼梯上的灯光依次亮起，仿佛开启了阅读之旅。书店的印章与我的眼光出奇一致，共同表现这一旋转楼梯。

TSUTAYA BOOKSTORE
茑屋

一家日本连锁书屋

朝阳门外大街 10 号 THE BOX B 座 1-3 层

一家日本书店的品牌，落地在北京朝外。茑屋占地三层，一多半的书加一少半的文具文创、艺术品和日用物品，这里有很多日本的原版图书。

西西弗书店
悠唐广场店

悠唐广场里的西西弗

朝外大街悠唐购物中心二期一层

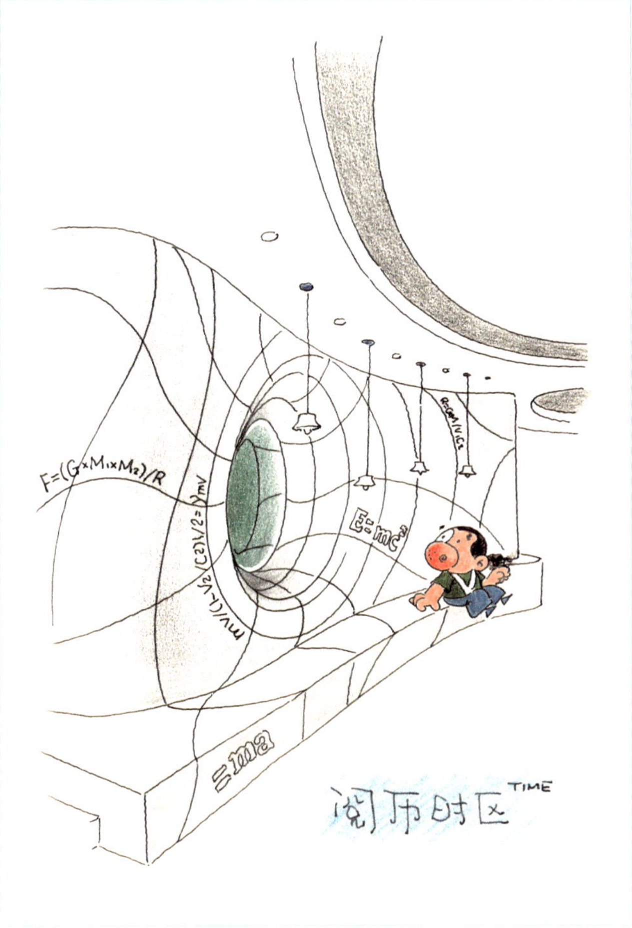

悠唐店是一家阅历时区主题的西西弗书店，蓝色的方柱标着时间的图案，还有一面银色的背景墙，有时空隧道之感，这块地方是我想描绘的。

书穹格

好像一个艺术博物馆

朝阳门外大街 99 号美克洞学馆 3 层

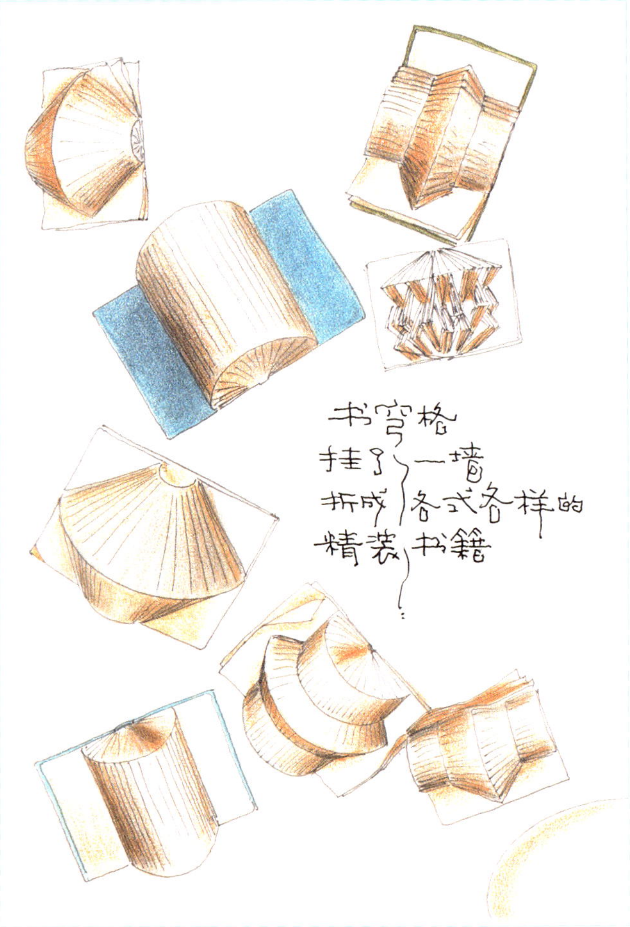

美克洞学馆打造新零售艺术体验空间，装饰新奇且前卫。这里也不缺书香，位于 3 层有家书穹格，书穹呼应洞学。

幽默书店

开心是每个人的刚需

吉庆里 108 号

我很早就开始关注这家书店，从还没有开业就盯着！这是一家幽默主题书店，正像门头所提的那样：脱口秀、相声、漫画、笑话、滑稽、幽默、荒诞，与之相关的书与画、文与创。

24 小时城市书房

少见的 24 小时营业的阅读空间

莲花池东路 16-6 号

天宁寺桥下的一家自助小书房，需要办卡才能进入。在这里可以阅读、可以自习，一个安静且整洁的环境。有北京市公共图书馆联合读者卡的读者刷卡就能进入。

天宁书院

天宁寺旁，氛围优雅

莲花池东路 16 号天宁 1 号文化科技创新园 12/26 栋

天宁书院在天宁1号园区里占了两间，一南一北，画中的是南面的一间。再画上一只店里桌面上的瓷狮子来压压阵脚！很遗憾的是，这家书院已经关了。

更读书社
大观园店

有红楼主题的文创，还有许多亲子活动

南菜园街 12 号北京大观园里西门附近

进入大观园西门后穿过右边的灰砖月亮门，就来到了更读书社。画中的是对称的另一个月亮门，白墙、红门、绿叶、蓝天。

甲骨文·悦读

藏在菜百商场二层的角落里

广安门内大街 306 号二层

“书中自有黄金屋”，为什么有这句呢？因为菜百是卖黄金的商城，而甲骨文·悦读深处菜百之中。这处橱窗由很多本书堆砌而成，画一下局部。

城市复兴书吧

长椿街边的城市阅读空间

长椿街甲 2 号

离长椿街地铁站很近的一家城市书房，长长的临街布置，一排长长的地中海色长椅摆在书架前，是家非常安静、适于悠闲的小书吧。

陶然书苑

陶然亭附近的公益书苑

菜市口大街甲 2 号院中信沁园 9 号楼

浓密的树荫之间有几座独立的玻璃幕墙建筑，里面就是布置雅致的社区图书馆，画一下门口的模样，便于下次再来！

椿树书苑

藏在四合院里的宝藏书店

骡马市大街 9 号

住在京城安静而祥和的四合院里，是最舒适的环境，椿树书苑开在这四合院更是种奢侈！这里原本是报业先驱林白水先生故居，现在是西城区的一家免费阅读空间。

中国书店
古籍书店

我国第一家国营古籍书店

琉璃厂西街 34 号

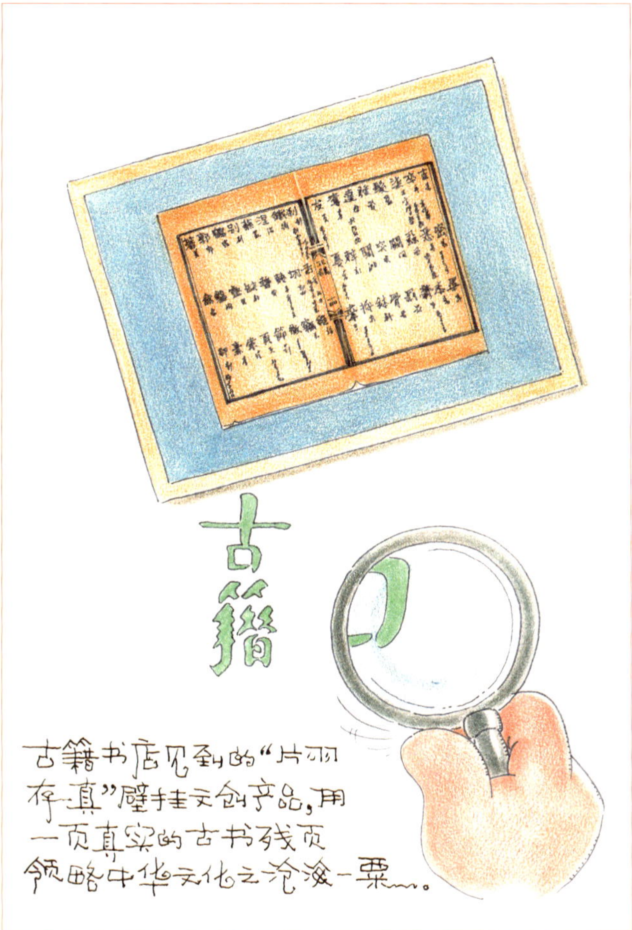

古籍书店就有古籍的气质与氛围，书店里的文创产品都透着一股岁月味道。看看！这是用零册残本的古旧书页制作而成的壁挂。

模范书局
天桥店

曾经位于天桥艺术中心的模范书局

天桥南大街 9 号楼北京天桥艺术中心 104 单元

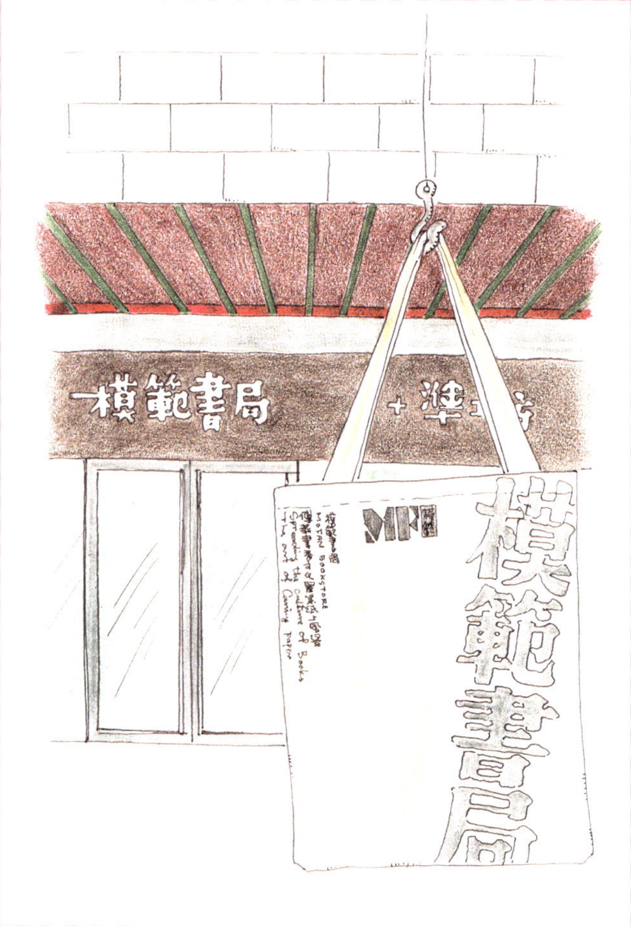

天桥模范书局，
艺术中心楼底，
原创冰箱贴可以，
书籍丰富稀奇。

我对模范书局一直很喜欢，可惜这家店也不存在了。

中轴线·阅空间

在剧场和阅读中，遇见更多可能

天桥南大街 9 号楼北京天桥艺术中心 3 层

这家阅空间的确是坐落在中轴线上，因为它位于中轴线南端天桥艺术中心，是处开放式的阅读空间，书籍以中轴线、京城文化和戏剧文化为主。

新华书店
永安路店

20 世纪 50 年代就有的老书店

永安路 102 号

永安路书店就位于永安路，一条双向四车道不太宽的路。书店里内容丰富，书籍、文创、文具、咖啡，应有尽有。

模范书局
杨梅竹店

给人一种沧桑感

杨梅竹斜街 31 号

杨梅竹斜街上的模范书局是这家书局最早的一家，这是座民国风的灰砖楼，是民生报社和彝宝斋南文具店旧址，只可惜这家店已经歇业了。

阅微云集

古今传奇，一扇千年

前门西河沿街 97 号

以前在这里喝过咖啡，现在在这里改喝精酿，但这里有两件事从未变过：其一是非遗传承的折扇；其二是悦读湾里的书籍。

清蕖书店

北京特色的文创产品很多

大栅栏西街 45 号

看到这张鱼形便笺纸上的诗了吗？这就是“清蕖”的来历，这是家开在大栅栏西街上古旧西式小洋楼里的书店。在这人潮汹涌的商业街区，这里除了售书还有很多新颖独特的文创产品出售。

宣南书店 琉璃厂店

隐藏于胡同深处的书店

小安澜营二条 4 号

记得跟着导航走！在一条叫作“小安澜营二条”的小胡同里，有家宣南书店，进入院门之后景象大变，书店在左手大玻璃房内，右边还有咖啡座和拾级而上的小二楼。

纸上声音书店
前门店

享受淘书的乐趣

大栅栏街 15-3 号

这家纸上声音书店改到了大栅栏步行街。京城有三家沿街的纸上声音书店，均销售打折书。这三家我都用了抱着一大摞书不露头的画面，请找找另外两家。

新华书店
大栅栏店

京味文创产品多多

大栅栏街 11 号

前门商圈是京城著名的商圈，大栅栏又是前门不得不提到的地方，从这个名字的读法上就能听出你是不是老北京人。像这样京味儿十足的地方也藏着一家书店。

中国书店琉璃厂店

好像一座书的博物馆

琉璃厂东街 115 号

中国书店在琉璃厂东西有好几家店，这家在海王村里，我在村口留个影。

MUJI 无印良品

集酒店、餐厅、咖啡厅、书店于一体

前门北京坊西区 W2 号楼一层

MUJI Hotel 大厅里书店前长桌上的和风鲤鱼旗。

前门北京坊的 MUJI 无印良品一层超大的木台上摆着多件体现日本匠人精神的精致展品，取这两件表现表现。右侧就是大型原木书架围成的书店。

内观堂 Bookstore

众多老物件带给你穿越的感觉

铁树斜街 44 号

内观堂日书店，
实则书占一半，
砖雕木雕小文玩，
旧物另一片天。

内观堂在铁树斜街与陕西巷的交叉口处，一间不到三十平方米的小屋。书是旧书，物件是老物件。

PAGEONE 北京坊店

层层递进，步入书之殿堂的仪式感

前门北京坊东区 E1 号楼 1-3 层

爱买书的、不爱买书的，都会在这里驻足，拍上一张照片。窗外有前门箭楼，京城标志性的一景，就在 PAGEONE 北京坊店的二层三层北侧，来打卡哦。

子安藏书票馆

小小藏书票，凝结历史、文化、艺术、传承

杨梅竹斜街 154-162 号

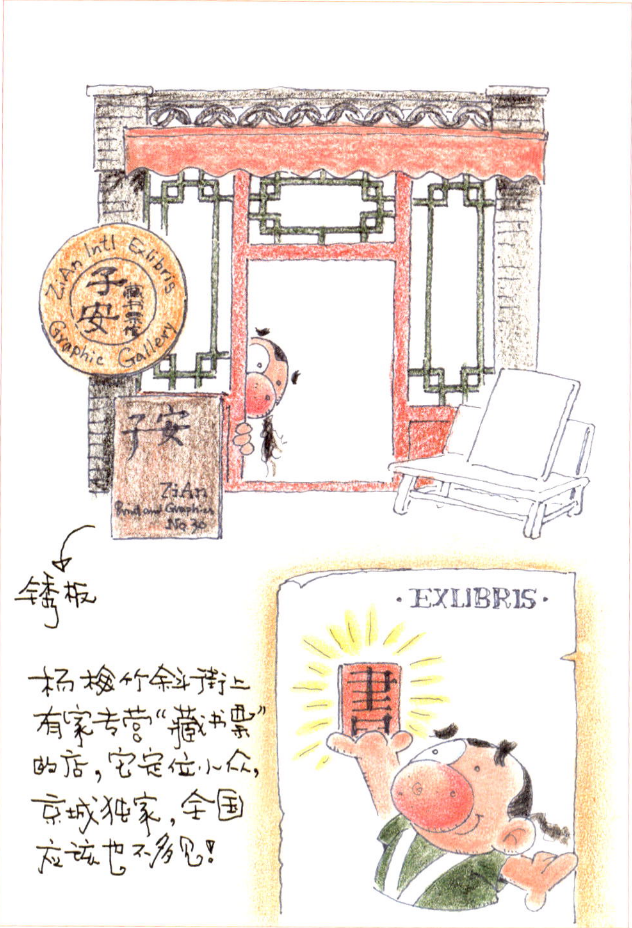

爱读书的人们不会忽略藏书票，您一定来这家店逛逛！一家深藏在胡同里的藏书票小店，就在杨梅竹斜街与樱桃胡同交叉口往东，可欣赏可购买，京城唯一，没有之一！

中央文献书店

有许多经典著作

前毛家湾1号

书店位于著名的毛家湾，主要销售时政类、党史文献类和传记类图书。店面装修得很有特色，灰墙上开着五个圆圆的窑洞门，使人想起了延安。

友泊书屋

主打教辅和延伸阅读类书籍

西黄城根北街甲 21 号

书屋位于西黄城根北街上的文物出版社印刷厂院内，这个院子叫“黄城 21 号数字文化产业园”，而书屋是园中不算太大的书屋。

京艺空间·梨园书社

京剧票友来逛逛

护国寺街 74 号 1 幢

一提梨园便知与戏曲相关，这是位于护国寺街人民剧场旁边的一家京剧主题书店，据介绍与国家京剧院和人民剧场合作，从外到内都充满了国粹京剧的元素。

中国书店 雁翅楼店

文房四宝、文创产品很多

地安门内大街 15 号

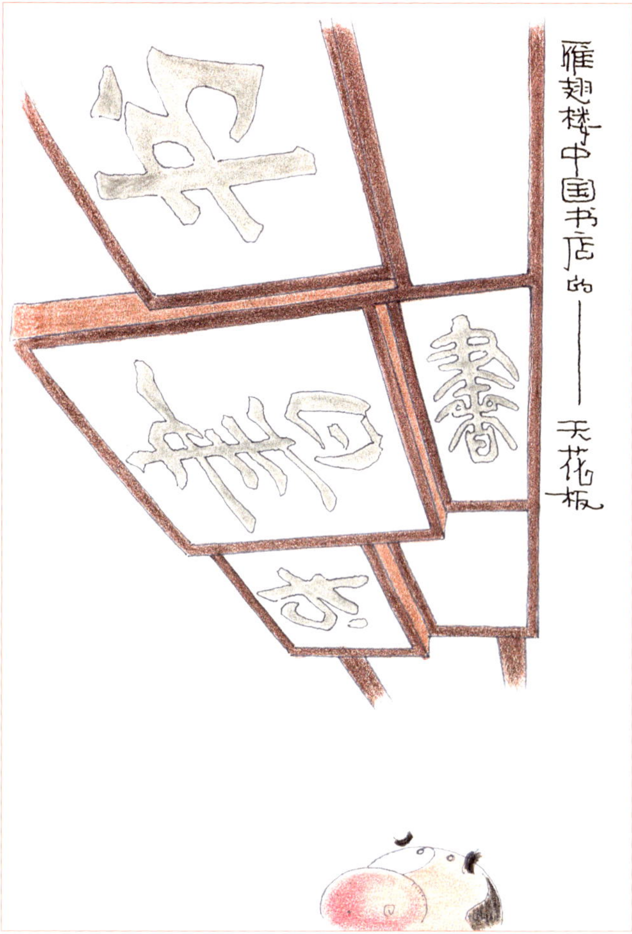

这家中国书店所在的雁翅楼原本位于地安门左右两侧，恰似大雁展开的双翅，故称雁翅楼。进门仰头望见四体“书”字，便知此处是书店。

樱桃园书店

摩天轮书架你见过吗？

景尔胡同 6 号

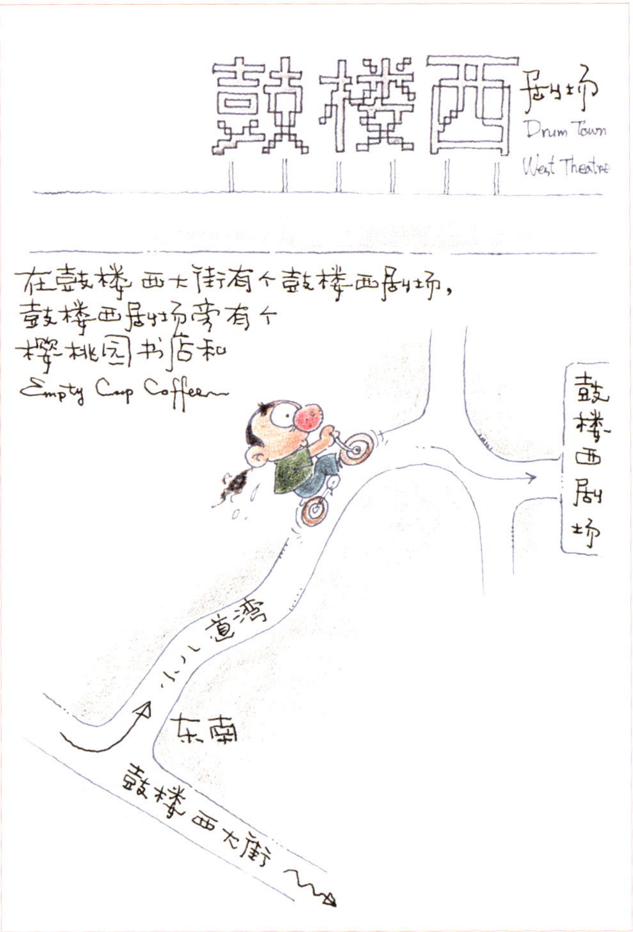

樱桃园书店旁边有座剧场，所以书店里的书多与表演、创作、文学、艺术相关。书店还有个特色，墙上贴着的不是图书的广告，而是戏剧的海报。

言几又今日阅读
金融街店

金融街的言几又

金城坊街 2 号金融街购物中心 F2

书品和文创沿袭着言几又一贯的风格，黑色隔扇天棚上垂下直径一米的大圆灯，照亮了那段回忆，这里曾经有家言几又书店。

postpost

想体验上房揭瓦的感觉吗？

羊肉胡同 58 号

定义一下 postpost 这家店，这是一家很有特色的胡同咖啡店，特调选择很多。但我来店更关注店里的独立书籍和外版图书，所以我把它定义为可以喝咖啡的书店。

金融街书局

小体积，大容量

金融大街通泰大厦一层

金融街书局自然少不了金融投资方面的图书，而且这里的小文创可带劲儿了！门墩儿形状的书挡稳当可靠，这个文创摆件上的小秀才一定是喝多了！

咪咕咖啡 西单店

地处西单，闹中取静

华远街 11 号置地星座 E 座

咪咕咖啡是家咖啡厅，但咖啡里融入了书籍。墙面上咖啡杯形的书架和 BOOKS 字母书架，说明了一切。

中国新闻书店

新华社旗下的专业新闻书店

宣武门西大街 101-3 号

中国新闻书店，也有人称为融媒体书吧，在新华社正门西侧。洁白无瑕的地面上有几条长长的墨迹，很有意境。我画这两笔缺少了韵味！

戏外书店

有不少与戏剧相关的书籍

宣武门内大街抄手胡同 64 号繁星戏剧村内

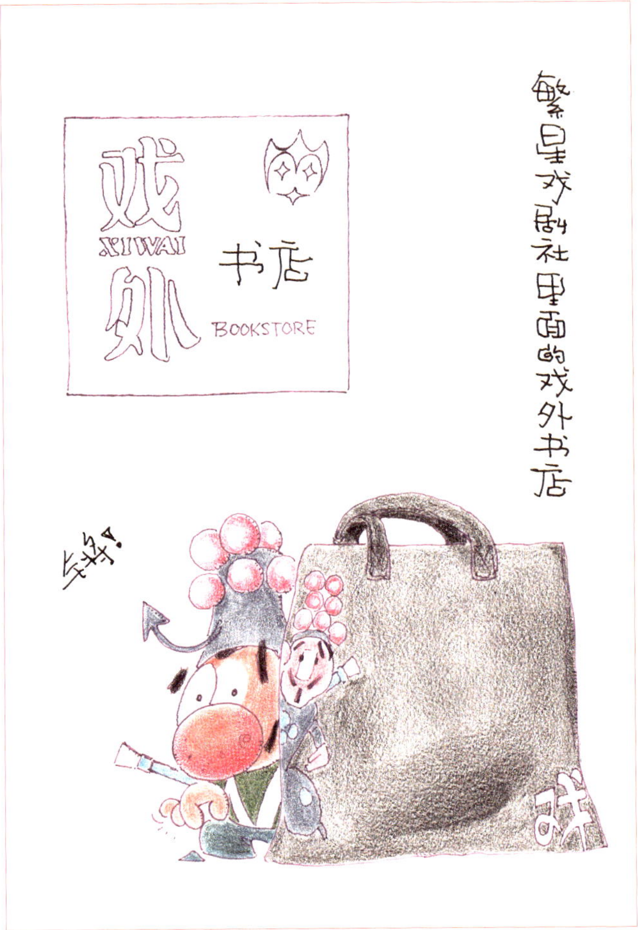

繁星戏剧社里，
有间书店戏外，
书籍文创很精彩，
钟爱这只手袋。

模范书局诗空间

从教堂到书店的华丽蜕变

佟麟阁路 85 号中华圣公会教堂旧址

我去过荷兰马斯特里赫特的天堂书店，那是由古教堂改造而来，如今京城也有了这样一家既有历史分量，又有文化气息的教堂书店了，感谢模范书局诗空间！

正阳书局

京味文化历史的图书馆

西四南大街 43 号万松老人塔院内

砖塔胡同是京城最古老的胡同之一，元朝就有了。胡同名以胡同东口的古塔而得名，我用浓墨描绘了古塔，其实是为了衬托这座塔院儿里的书店——正阳书局。

想心空间

露台的视野非常好

西城区北三环中路出版创意大厦 D 座 12a 层

北京出版创意大厦的顶层，有一个大大的空间。四面的落地大窗可以俯瞰四周的街景风光，还有一片露台。这里有花，有茶，有咖啡，关键还有书。

福声唱片

店内专营黑胶唱片

冰窖口胡同 1 号院 5 号楼底商 1-46 号

记住门前的模样，乐迷一定要来！看店门以为是不大的店，进门才发现这里别有洞天！从 Classical 到 Pop，从 Jazz 到 Metal，应有尽有。

星书坊

小说很多，尤其是推理小说

车公庄大街丙 3 号楼 7 层

星书坊是新星出版社的书店，坐电梯上办公楼 7 层即到。书店中挂着这样一幅字画，是《哥伦比亚中国文学史》套书纸盒的展开画面，妙哉！目前，这家书店正在装修中，真期待它重新开业。

西西弗书店 凯德 MALL 店

西直门凯德里的西西弗

西直门外大街 1 号凯德 MALL 三层 319 号

京城最难走的立交桥是西直门桥，太容易走错了。在西直门桥西北角的凯德 MALL 里面有一家西西弗书店，位于商场三层的最南侧，比较容易找到。

嫏嬛书房

古风的读书圣地

皋成门北大街 17-3 号中国大百科全书出版社一楼

嫏（láng）嬛（huán），天帝藏书之所，落在人间，就是这处古色古香的书房。这里的书是古籍善本，这里的景是流水潺潺。室外是车水马龙，屋中是淡雅清馨，真是闹中取静之处。

纸上声音书店 阜成门店

来这里淘旧书吧

南礼士路 1 号楼

纸上声音——还挺有意境的名字，一家销售打折书籍的书店。楼上楼下没有过多装饰，用书说话。这家书店有三四家分店，这家位于阜成门外。

自在博物书店
阜成门店

适合遛娃的宝藏书店

阜成门南大街 1 号

绕了半天才找到这家书店，我算是个自然的路痴吧！喜爱大自然的你一定要来这家书店，当然自然类的书籍比较多，还有很多的植物矿物标本、写实插画。

三里河阅读空间

玉渊潭公园附近

三里河一区 5-5 号

有家阅读空间，
居三里河路边，
文化活动常举办，
有空您来看看。

紫云斋书店

想学习道教知识来这儿转转

白云观街 10 号楼云起时珍宝花园 18 号

您去白云观摸猴儿之时，会不会想了解一下道教文化呢？白云观南门对面就是这家道教书籍的书店，一家很小众的书店。

地图主题书店

门头的装饰是大大小小的指南针

三里河路甲 50 号

地图主题书店在西城区三里河路，木樨地桥东北角。看地图就可以找到。走进书店，地面是一幅超大的世界地图。站在这地面上就够我研究半天的！

华圣书园

开展以音乐为特色的阅读活动

复兴门南大街 1 号

就在中央音乐学院对面，里面书很多，与音乐相关的书尤其多，特色分明。这套著名音乐家的帆布袋我非常喜欢！致敬一下！

礼士书房

礼士书房里多为建筑设计类书籍

南礼士路 62 号北京建筑设计研究院 D 座一层

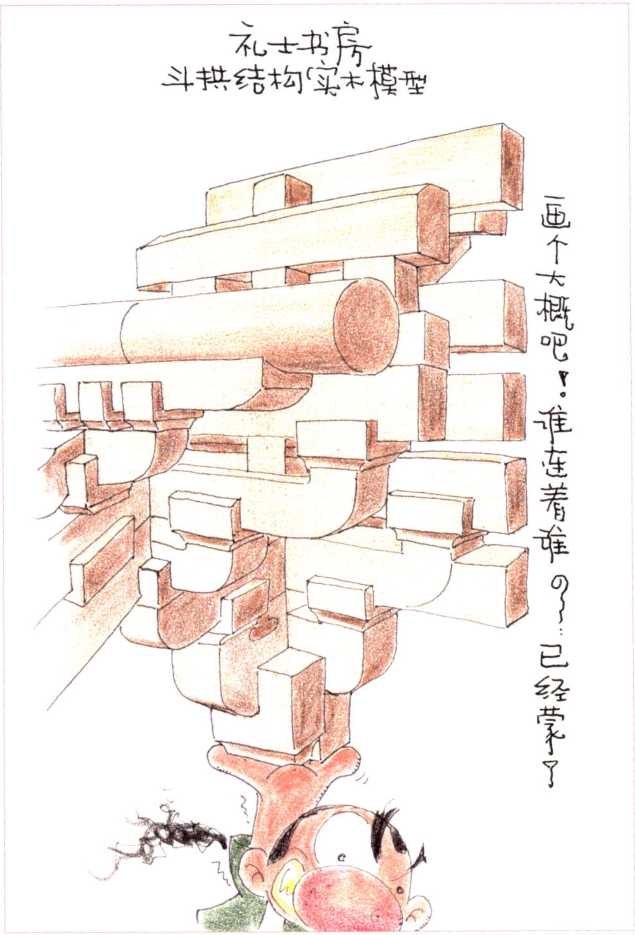

礼士书房在南礼士路上，是以建筑类书籍为主题的书店。店里有一段中国传统建筑结构——斗拱的实木模型，我努力想画明白，但是很难！

稻诚及所城市书店

到处可见圆拱门和圆柱形的书架

复兴门外大街 15 号长安商场二层 218 号

长安商场二层一处很有调调的书店。爬上高高的楼梯，会来到楼上的儿童阅读区。有大小孩儿写作业的，有小小孩儿看绘本的，怕吵请坐楼下！

失序书店

极小极小的咖啡书吧

新街口西里一区 5 号楼底商 5-4

失序书店，店名又叫 ciao chaos！“ciao”为意大利语打招呼，“chaos”取英文混沌、混乱之意，一家极精致的小书店，现在已经关店了。

白塔书院

与白塔寺一墙之隔的书院

白塔寺东夹道 21 号院

以“红墙白塔”而驰名的白塔寺东夹道是京城的绝美景致，不知有多少人为此美景而来此夹道。与寺共用同一墙的白塔书院就位于塔下，被称为离白塔最近的书店。

新华书店西四店

古色古香，见证历史

西四北大街 255 号

据说西四路口东西转角楼是当年慈禧太后六十大寿时修建的献礼工程，转角楼既可美化风景，又可居高警戒。今天的新华书店西四店就位于这座西转角楼，很有历史感。

布衣连环画书店

承载几代人的童年记忆

皐成门内大街 87 号

阜成门内大街北侧一间古香古色的四合院内，有我儿时的美妙记忆——一家专营连环画的宝藏书店。瘦瘦高高的书架一排一排整齐地排着小人儿书！

鲁迅书店

鲁迅先生主题书店

阜成门内宫门口二条 19 号鲁迅博物馆

名人书店为数不多，鲁迅书店是一家！与鲁迅相关的书比较多，也有其他方面的书。书看累了还可以到旁边鲁迅博物馆去参观，去看看那两棵枣树。

Jetlag books
更新时限店

购物车上摆书有一套

西单更新场 B2 层

Jetlag 书店总店位于三里屯，其实它在西单更新场里曾做了一次快闪，全场设计简洁新潮，卖的依旧是美学杂志和艺术书刊。因为是快闪店，所以现在没有了。

做书 西单店

书评和推荐语很用心

西单北大街西单更新场 LG 层 207

我曾经拜访过更新场的 Jetlag 快闪店，也拜访过做书的胡同店，这次拜访的是更新场的做书。小店占地不大，书品甄选独特，很文艺的小书店。

红楼公共藏书楼

闹市中的超大图书馆

西四南大街 24 号

西四丁字街头，
灰楼本是红楼，
影院变身藏书楼，
可读可查可购。

这里有如剧场，又如阶梯教室的超大空间，上面坐着喜爱阅读的人们，周围是布满书架的三层楼。

松坡书局

大隐隐于市

小石虎胡同 33 号院蒙藏学校旧址内

西单商城之南，汉光百货之北，西单大悦城以东，明珠商场以西，在这片繁华闹市中被许多高楼环抱着的这处古建院落就是蒙藏学校旧址，松坡书局位于其中。

钢铁月球
流行幻想书店

漫画及周边，尽管来淘

西单北大街 130 号华威大厦三层 337-338

华威钢铁月球，
流行幻想书店，
美漫日漫与潮玩，
追逐梦想少年。

钟书阁 老佛爷店

情有独“钟”，“书”香人家，别具一“阁”

西单北大街 110 号老佛爷百货 B1 层 11-12 号

钟书阁很讲究设计，很喜欢镜面，来西单老佛爷店看看吧！层层叠叠的月洞门，把读者带入书林之中。我怕眩晕，没把颜色上全，但你仍能感受到阁之深邃。

北京图书大厦

当之无愧的书海

西长安街 17 号

Q：知道这是哪里的城市雕塑吗？

A：这是大名鼎鼎的长安街上西单图书大厦前的雕塑。

精装书籍铜雕，
立于书店门前，
长安街边独一间，
图书大厦西单。
这里可是京城规模最大的书店。

新华书店 永定门东街店

墙上遍布老北京照片

永定门东街东里 1 号楼

这家新华书店的特色在于它的位置，书店在天坛公园的南门旁。当你逛完祈年殿和圜丘，在回音壁吼叫完毕之后，可以来这里休憩购书。

祈年红自在书房

风景极佳，鸟瞰天坛祈年殿

天坛东路红桥市场 5 层

原以为红桥市场只售卖珍珠玉器等旅游品，登上 5 层才发现这里还有一家书房，集书吧、咖啡与餐饮于一体的书房，它延伸到了楼顶超大的露台之上。

研磨时光 龙潭店

简餐不贵还好吃

光明西街 1 号 14 号楼一层

一家可以阅读的咖啡厅，店的主题定位大概是运动吧，一墙的 NBA 比赛场地图和足球俱乐部的签名广告，连书架上都有公路自行车的模型。

静思书轩

静思人文，净化人间

东花市大街 118 号花市枣苑甲 3-7 号

崇文花市枣苑，
有家静思书轩，
轩外纷繁心绪乱，
进屋神静心安。

新华书店
花市店

著名的国营老书店

西花市大街 134 号

新华书店花市店曾经是人们购买教辅书的必到之处，现在也卖文创、卖咖啡、搞活动，是一家老字号的新潮书店，目前正在整体装修改造中，期待它重新开业。

西西弗书店
国瑞城店

国瑞城里的西西弗

崇文门外大街 18 号国瑞购物中心 2 层

崇文门原来有两家西西弗书店，国瑞店和新世界店，一东一西，现在都整合到了国瑞城。为了留下更深刻的印象，我特地买了一本西西弗原创笔记本备用。

小书影服装书店

传承服饰文化，演绎华夏之美

南晓顺胡同 3 号

前门东侧有一处书香世业街区，小书影曾经就在这个街区里，说是服装主题书店，但我觉得更像家服装店，进门所见尽是高雅秀丽的各色旗袍。可惜的是，这么有特色的书店如今已经闭店了。

青年书店

闹中取静的好去处

南晓顺胡同 5 号

这是家由中国青年报社投资兴办的书店，是一家不大的书店。中国青年报社有两只 IP 小豹子：青小豹和豹小花，于是青年书店就有了“温暖的 BaoBao”这个别名。

化蝶汇

精致的女性读书会

南晓顺胡同 5 号 -14

前门书香世业街区里有一家特色书店叫化蝶汇，听这诗情画意的店名，就可知晓这是家女性主题的书店，书店里处处流露着或深或浅的粉红色调。

罗岚书店

西金行会馆旧址

青云胡同 23 号

罗岚书店藏于胡同之中，穿过草绿色大门之后，曲径通幽，别有洞天。书店保留着原有的栋梁结构，再配以古色古香的家饰，更显清新高雅。店中有书有茶，有饰有花。

书剑茶书院

金庸作品全集，书剑茶一小景

小江胡同 1 号

前门南边小江胡同有家以书、剑、茶为名的书院，其间见书见茶未见剑。logo 是一背剑长须戴斗笠的侠客，我来一幅卡通版的吧。

春风习习
前门店

店外小溪边的座位很抢手

长巷五条 19 号 3 幢

春风习习前门店里的腰封

春风习习的前门店在小桥流水边，有书有杂志，重点还有咖啡，我对这个由书的腰封组成的装饰画很有感觉，画之！真可惜这幅装饰画已经不再展示了。

昆仑书集

连店中都摆着战斗机模型

和平里西街 51 号雍和宫壹中心 A 座一层西侧

这是一家军事主题的书店，从店名“昆仑”就可略知一二，书籍以军事、战争为主，连文创产品都与这一主题有关。可惜这家店已经闭店了。

阅想书店

一半售卖，一半借阅

青年湖南街13号化学工业出版社

在东城区青年湖边，有家书店叫阅想书店，原本是化工出版社的专业书店，现在已经变身成亲子阅读空间。

国图书店
安定门店

柱形书架像个展开的树冠

安定门外大街 208 号玖安广场 B1 层

玖安广场地下一层这家很大的阅读空间，可以相约来谈事、品咖啡。两层空间是装满了各种书籍的大书架，认准这个很有气势的角落。

雍和书庭

少有的店中店

和平里西街 51 号雍和宫壹中心 B 座 108-3

雍和书庭，雍和宫北边的书庭

我去参加一个漫画家的聚会时发现的这家书店，缘分啊！在雍和宫北地坛东，一家签名本书店。进门迎面就是这个放着几本书的高高的书架。

码字人书店

码字要到码字人

和平里北街 6 号远东仪表公司院内 15 号楼东南侧

进入远东科技文化园往里走，深藏着这家宝藏书店。我很认真地一笔一笔地描绘了码字人的彩色 logo。海购来的 Mattias Adolfsson 草稿书就是在此受到的提示。

童书妈妈
万有幸福空间

建筑设计大师设计的书店

东中街 32 号楼 6 层

万有幸福空间里的木色圆弧形大书架立在屋中，横平竖直有规律的书格中间又变化出了座位，这是日本设计师青山周平的作品。

库布里克书店

淡绿色的基调，不规则的铁皮书柜

东直门香河园路 1 号北区当代 MOMA 二号楼 1 层

以电影大师斯坦利 · 库布里克为店名即可知道这是一家人文社科艺术的绿色独立书店，选品很独到，销售一些港台版的图书。锈迹斑斑的 Kubrick 摆在窗前。

文沁阁书店
明城墙店

明城墙脚下

建国门街道崇文门东大街 9 号京奉铁路信号所东南角

北京站的南侧有一段古代明城墙，原来隔着绿树茵茵可以凝望历史的沧桑，现在这里增加了新的文化元素，文沁阁在这儿开了书店，在地下一层哦！

东单医药书店

医药健康类图书来这儿找

东单北大街 104 号

在著名的协和医院看完病之后，想搞清楚这病的来龙去脉，总是要看看书查查资料吧，那就到医院对面的这家医药书店来看看吧！

北京社科书店

更像是个图书馆

建国门内大街 5 号

北京社科书店在二环边非常幽静的贡院二条，门前的这个场景让我想起了“福”字！这家店属于其后方的中国社科院。

小众书坊

曾经的青砖、红柱、珠帘，保留了书墙

北京站东街 8 号信通大厦 C 座一层 106 号

最早是在东城区后圆恩寺胡同的四合院里，我结识了这家诗歌主题书店。诗歌是小众的，小众书店是大众的。一整面的书山墙从胡同搬到了北京站旁。

善缘书舍

以生命为主题，充满人文关怀

银河 SOHO 下沉广场 D 座 5-161 号

一家专为残障人士服务的书店，销售残疾人事迹或残障人士写的书。店中桌椅的设计都比正常的要矮一些，全店无坎无角。这样有爱心的书店，我要大力宣扬一下！

可能有书

胡同里的小店，有包子，可能也有书

前炒面胡同 49 号

看到“可能有书”的名字，那我一定会来看看。这里有画廊，有咖啡，有自习室，还有包子铺，当然还有最重要的书！这里是个综合阅读空间，是读者、邻里和顾客交流的场地。

人民文学出版社 读者服务部

当文学有了味道

朝阳门内大街 166 号

看看这原创设计的旅行牌套上“朝阳门内大街166”，文人就知道这里是人文社。读者服务部旁边是文学与咖啡结合的朝花夕拾文创咖啡供销社。

纸上声音书店 东四店

可以用旧书换咖啡

东四南大街 72 号

这家纸上声音书店位于东四南大街，店名使用了超粗黑繁字体，我设计了纸上声音书店的绘画视角，画出了这张画，最后补上一枚店家的印章。

语文书店

原创设计图案“听说读写”四门功课

朝阳门南小街 51 号

语文书店是语文出版社旗下的书店，“语文”就是其特色，书店位于朝阳门南小街，画幅店门图，您别错过。

世知书店

世知世知，世界知识

千面胡同 51 号

世知书店在东城的一条小胡同里面，隶属于世界知识出版社，以社科、外交、人物书籍为主。现在门面已经更新，让我们乘时光机回顾一下以前！

做书

每本书都有手写的推荐语

北新桥后永康胡同 16 号

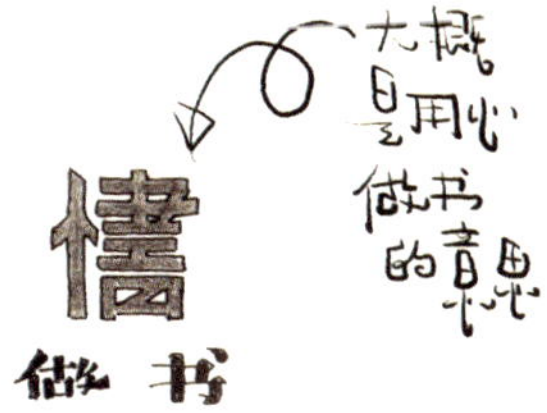

雍和宫南边，离北新桥不远的胡同里，有家四合院咖啡馆书店。按响门铃进门，你就会闻到咖啡香和书香，店旁边还有家编辑部。

西西弗书店 来福士店

来福士里的西西弗

东直门南大街 1 号北京来福士中心 F2

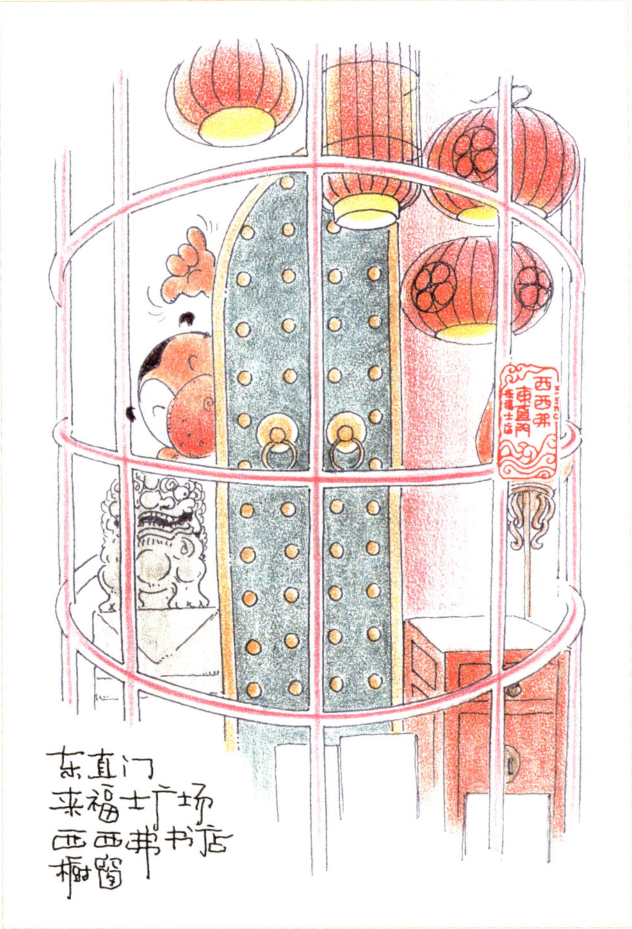

各家西西弗书店的装修风格都很一致，最能体现各家不同的可能是门口的橱窗装饰。这里是东直门来福士店，有红灯笼、蓝大门、石狮子和我。

博文书社

考古文博类图书很多

东直门内北小街2号

博文书社是文物出版社的实体书店，具有很浓厚的文化气息，店里还“珍藏”着数件“文物”，有鼎、有爵、有簋，居然还有《马踏飞燕》。

文沁阁书店
小街桥店

有羊驼自由自在溜达的书店

东直门内北小街 2 号楼一层

文沁阁东厅有这么一间古香古色的亭台楼阁，下面有流水潺潺，旁边有青竹一片，在这里写作业都会押韵脚儿!

观·书殿

钟鼓楼和中轴线主题

豆腐池胡同 21、23 号

在北京中轴线北端、钟楼北侧豆腐池胡同里，有座建于元贞年间的宏恩观，观·书殿就开在观内帝君殿内，是字面上“中轴线上”的书店。

为宝书局

以前为新华，现在为宝

地安门外大街 156 号

真佩服帝都绘！挖出了为宝书局的历史传承。这里之前是新华书店地安门店，现在以“为宝”为名被打造成了中轴线上的博物馆式书店。

梦办 OneiroSpace

经常举办有趣的展览

赵府街 20 号金隅金台 · 共享际

一家藏在胡同里的书店，因为这里的运营人员同时也在运营 abC 艺术书展，所以在此见到的书大多是独立图书和艺术书籍，一般书店见不到，可惜这家店也已经见不到了。

PAGEONE 花园胡同店

花园东巷里的 PAGEONE

花园东巷 29 号城市空间 1921 文化产业园 1 号楼

花园胡同这家店是京城 PAGEONE 中书量最少的一家了吧？但木色装饰看上去文艺而且整洁，还有咖啡与西餐可饮可食。这个旋转楼梯对我来说并不陌生。

入海口

如同潜入深邃的海洋

五道营胡同 34 号

漫步五道营中，
入海口处偏东，
深蓝加白色分明，
选书极具灵性。
非常精巧的小书店，用心且精致。
logo 是蓝的，窗花是蓝的，钟表是蓝的，
连木房梁也是蓝的。

一定书屋 THE STUDY

一定不以卖书为目的的书屋

北锣鼓巷 70 号

在南锣鼓巷逛累了，可以到这家位于北锣鼓巷的书屋坐坐。不过这里不卖书，只可在此按时计费阅读。在这里，你能闻到酒香、茶香与咖啡香。

新华时间

到新华时间消化“新华字典”

东四北大街 117 号

东四大街上有好几家咖啡店，有家叫“新华时间”的咖啡馆，也是一家微型新华书店。这里有书可读可买，有甜品可尝，比如销量巨大的新华字典蛋糕。

春风习习 咪咕云书店

沐浴春风的小四合院

地安门东大街东不压桥 49 号

东不压桥口南，
精致春风书院，
古香古色起灰砖，
坐落玉河之畔。

这里可能是最有老北京运河风味的地方了！

你好阅读
少儿主题图书馆

读书从娃娃抓起

福祥胡同 7 号四合院

以前在鼓楼东大街路北，你会看到 HELLO READING 少儿阅读空间，现在它已经搬到南锣鼓巷旁边的四合院里了，还是那样的精彩。

念念行旅杂志馆

喜欢看外版杂志的注意啦！

东四北大街 69 号

干净整洁的空间，左右对称，面向墙壁各有八个位子，外面摆满了港台和海外的原版杂志，此处属于 Read & Rest Hotel 念念行旅的公共空间。

南锣书店

南锣鼓巷不缺少书店

地安门东大街 89 号 16 幢易亨 · 左右时代 F1

青砖灰瓦的南锣南口西侧的现代玻璃建筑，就是这家书店，现在却没了。这里有书籍、文创、咖啡和猫。看到我描绘的这个场景，你能感受到曾经的书香气！

布衣古书局

线上的线装古籍书店

南阳胡同 6 号南阳共享际一层

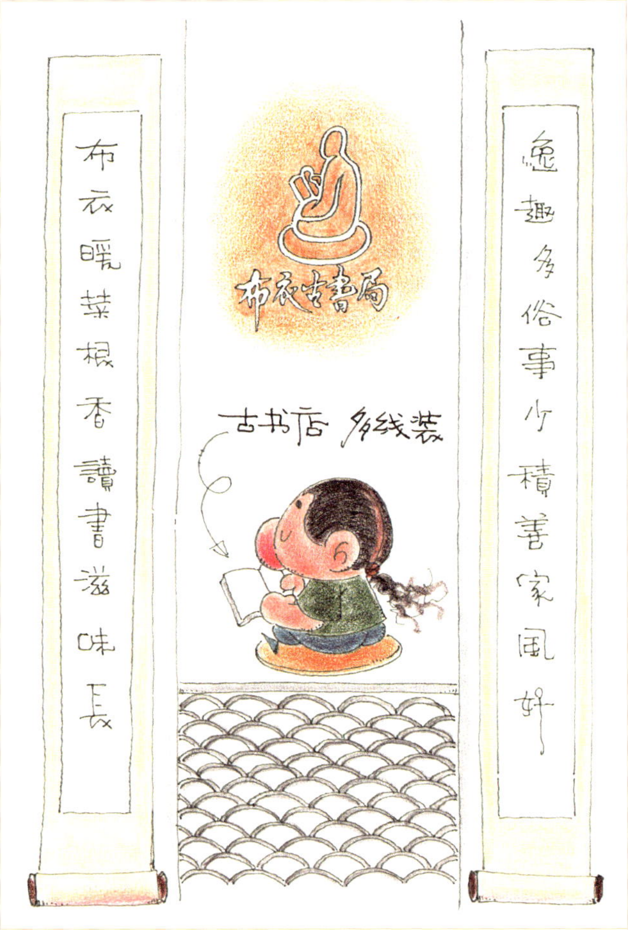

“臣本布衣，躬耕于南阳……”这家布衣古书局曾位于东城区南阳胡同，现在已经闭店转到线上，是一家销售线装古籍的书店。

山海四合 by Jetlag Books

有书，有花，有咖啡

东四北大街 303-2 号

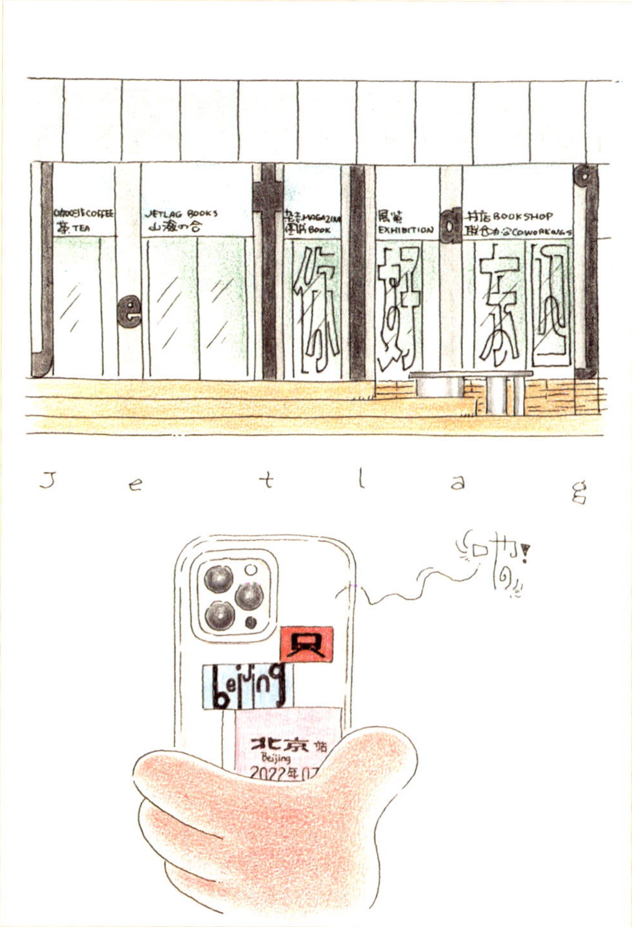

这是一家很有设计感的书店，沿袭的店名图案分别设计在六根柱子外侧，店内是水泥原墙加金属书架，再加上原版艺术书籍，很时尚！

文物出版社书店

鲁迅先生文创产品超有趣

五四大街 29 号

五四大街上有家小书店，它与博文书店均属文物出版社。店中小景：高灯下亮，成套巨作与单册读本分列左右。

美书房

周边居民的文化中心

美术馆后街 40 号美后肆时文化中心内

美术馆后街 40 号是一家叫作“美后肆时”的景山市民文化中心，里面古香古色，常举办文化、娱乐、教育等诸多活动，美书房是其中的图书馆。

紫金城市书院

北大红楼旁边的灰砖书院

五四大街 31-2 号

北京城市的颜色是灰色，紫金城市书院正体现了这种灰色。2021 年，牛年书店开业，这个摆件里的“牛头”和“2021”表现书店的开端，令人一下记住它。

人教书苑
景山旗舰店

时常举办讲座等文化交流活动

沙滩后街 55 号

人教书苑有两处，去了魏公村店，才了解到沙滩后街还有一家，而且这家店还是旗舰店，门面如图，店里很安静，大概因为我去的时候是工作日吧！

更读书社 东四隆福店

除了书还有无数的文创产品

隆福寺街 95 号 2 栋 1 层 2-2 号

隆福寺曾经火过，近年来又被更读书社带火了！书社就在隆福大厦一层，黑顶飘浮着弯曲绵延的发光叶子，照亮了下面的书。

三联韬奋书店 美术馆店

地下一层，地上两层

美术馆东街 22 号

京城老牌书店之一，曾经是每月必逛一次的书店，就在中国美术馆的东边，隆福寺的西边。

Jetlag Books
王府中环快闪店

为北京的冬奥氛围出过一份力

王府井大街 269 号王府中环 F3

Jetlag Books 的一家快闪店，Mini 小书店。门口站着一只多面白熊，它是为了迎接北京冬奥会，营造出冰雪小镇的感觉而立。作为快闪店，现在已经结束了营业。

码字人书店
和平菓局店

保留了老北京胡同小店的年代感

王府井大街 253 号王府井百货 B2 层和平菓局内

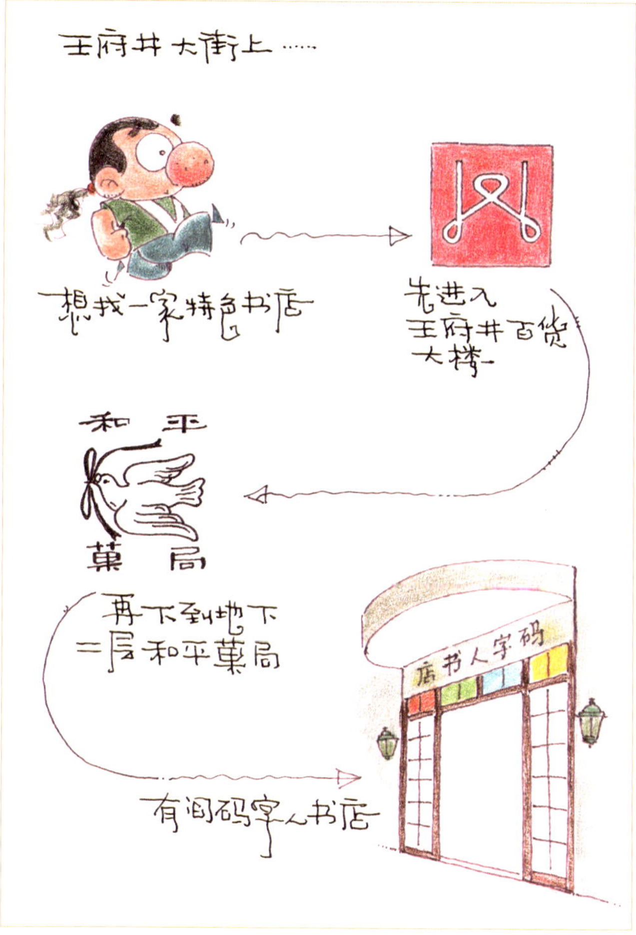

码字人书店曾经开在王府井百货大楼地下二层和平菓局的里面，这里保存了老北京胡同小店的年代感，目前只能是怀念中的怀念了。

言几又 王府中环店

普通之中发现精彩

王府井大街 269 号王府中环西座 111C

这家书店已经关门了，这幅画只能留下一丝怀念。这是一层通往二层时的必经之路，左手全是台版或港版图书，我曾在这里站着看书看到腰疼仍然乐在其中。

外文书店

期待 2025 年重见

王府井大街 235 号

这里曾经是我最爱逛的书店，来北京就来王府井，来王府井就来这家书店。现在这里正在装修，盼望它早日重装上阵！

木鸟

需要预约的漫画书店

北河沿大街 97-2 号

北河沿的街边，
小店不太起眼，
木鸟漫画专卖店，
遇见贴纸周边。

这家书店已经消失了，好可惜！

尹哥书房

胡同里的公益性科普小书房

东四桂花胡同 8 号

尹哥是谁？尹哥就是华大的尹烨。而这家书房正是他自己做的公益性科普书房，这里不以营利为目的，而是为了让更多人了解生命科学和自然科学方面的知识。

戏剧书店

与戏剧表演相关的书籍很多

王府井大街 22 号首都剧场内

戏剧书店位于王府井大街人艺首都剧场的北侧。这里戏剧表演的书籍很多。墙上的剧目海报是人艺上演的剧目，我试着抄几张吧。

嘉德文库

与中国美术馆隔街相望

王府井大街 1 号嘉德艺术中心 2 楼

中国美术馆的对面是嘉德艺术中心，暖色调的嘉德文库就悬在艺术中心二楼之上，店里尽是与收藏、鉴宝和艺术相关的书籍，还有比较少见的文创产品。

涵芬楼书店

传承之美，生生不息

王府井大街 36 号

商务印书馆是中国老牌出版社，1897 年在上海创办。涵芬楼原是商务印书馆在上海时的藏书楼，也就是图书馆，后来才有了拥有这份传承的涵芬楼书店。

灿然书屋

小书屋，大名气

王府井大街 36 号

涵芬楼旁原来有家小书屋，但名气其实不小，它就是中华书局的书屋。现在书屋南移易地升级，门牌还是 36 号。这幅画是原址，留作纪念。

PAGEONE 王府井店

金街上的 PAGEONE

王府井大街 138 号北京 apm4层 L427-430 号

PAGEONE 王府井店在 apm 的 4 层。在金街上“血拼”之余别忘了来这里购书。这里依旧是 PAGEONE 风格。用灯管折来拐去，围成了最代表京城的城楼造型，线条上是正宗一笔画。

王府井书店

与共和国同龄的书店

王府井大街 218 号

共和国第一书店，位于金街南头儿，对于每一位来到京城的爱书人都是必到的一家书店。图书量极大。

Dr. books
永樂大典
卷八百八
之八百八

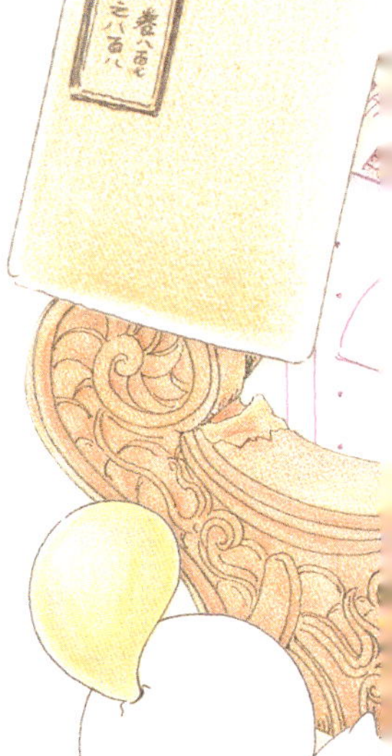

GREAT WORLD
GREAT WORLD WONDERS

109自習室

目录

Cymbidium goeringii
Paphiopedilum armeniacum
Meconopsis integrifolia
Meconopsis lancifolia
Primula denticulata
Primula fasciculata

在本书的创作过程中，我切身感觉到，如今的实体书店和以前相比有了巨大变化。以前的书店更多是单一的图书售卖场所，随着时代发展，当今的书店在文化传播、文化建设中被赋予了独特的功能，包括文化产品展示、阅读推荐、交流互动等，俨然已经成为城市空间中重要的文化符号、爱书人城市生活的精神地标，一座国际都市发展过程中对外传播和形象展示的重要场所。

我原本不是真正意义上的爱书人，但是通过本书的创作，我也成了爱逛书店的爱书人，这实在是美妙的体验。

我一个人的眼界和行动力都是有限的。时过境迁，有的书店场景也发生了变化。希望读者们能够分享和反馈更多的逛店体验，如果本书能帮到你，那真是太好了！本书只呈现了北京的 365 家书店，相信有很多的明珠被我遗漏了，就让我们下一次再结缘吧！

在此鸣谢成书过程中提供过支持与帮助的所有朋友们！

Hi！京城书店

中华民族崇尚读书，有“耕读传家”的优良传统。书香京城建设如今已走过十余年，仍在稳步推进、不断深入。近年来，大家的阅读习惯正在发生悄然变化，碎片化阅读、数字化阅读正在占据大家更多的时间，但实体书阅读仍然是大家文化生活的重要部分，而实体书店则是阅读实体书的重要场所。

受到种种因素的影响，实体书店的经营真是不易呀！我策划这个“漫游书店”的选题已三年有余，也持续画了三年，成稿足有五六百幅。但是书还未正式出版，有的书店就已经不在了，而且这类现象不断发生。每当看到一家经营多年的老书店消失，我总是惋惜不已；每当看到更多富有时代特色的新书店开张，我又满怀欣慰。

我原本想以这个标题作为书名，就像见面打个招呼、问声好，向我见到的和没见到的每一家京城书店问好！现在，我要用这个标题向这些开过的、开着的和要开的书店、书房、书社、书坊、书舍、书屋、书吧等一切与书相关的店问声好！向它们的经营者问声好！我用我的方式记录下书店的点滴，希望我的创作能让更多的爱书人记着它们、知道它们、期盼它们。

图书在版编目（CIP）数据
漫游京城书店 / 刘志伟绘著. -- 北京 ：北京出版社，2024.9. -- ISBN 978-7-200-18929-2
Ⅰ. G239.23
中国国家版本馆CIP数据核字第20243US698号

选题策划：刘 迁
责任编辑：米 琳
责任印制：刘文豪
装帧设计：张 薇 王子月

漫游京城书店

MANYOU JINGCHENG SHUDIAN

刘志伟 绘著

*

北京出版集团
北京出版社 出版
（北京北三环中路6号）
邮政编码：100120
网址：www.bph.com.cn
北京出版集团总发行
新华书店经销
中煤（北京）印务有限公司印刷

*

120毫米×200毫米 11.75印张 117.5千字
2024年9月第1版 2024年9月第1次印刷
ISBN 978-7-200-18929-2
定价：98.00元
如有印装质量问题，由本社负责调换
质量监督电话：010-58572393
责任编辑电话：010-58572473

漫游京城书店

刘志伟　绘著

北京出版集团
北京出版社